¡Ven conmigo!®

En camino
Holt Spanish Level 1B

Listening Activities

HOLT, RINEHART AND WINSTON
Harcourt Brace & Company

Austin • New York • Orlando • Atlanta • San Francisco • Boston • Dallas • Toronto • London

Contributing Writers:

Diane Donaho
Jean Miller

PHOTO/ART CREDITS
Abbreviations used: (c) center, (l) left, (r) right, (b) bottom, (bkgd) background.

Photo Credits
All pre-Columbian symbols by EclectiCollections/HRW.
¿Te Acuerdas? Parrot icon by Image Copyright © 1996 Photodisc, Inc.
Front cover: (Dancers)/Latin Focus/HRW; (Sun Disk), Superstock.
Page 52 (l), (r), Christine Galida/HRW Photo; 64 (all), David Phillips/P & F Communications

Art Credits
All work, unless otherwise noted, contributed by Holt, Rinehart & Winston.
Page 22, Bob McMahon; 25, Meryl Henderson; 54, Fian Arroyo/Dick Washington;
61, Lori Oscieki; 64, Holly Cooper; 66, Meryl Henderson; 67, Bob McMahon;
68, Bob McMahon; 70, Ignacio Gomez; 71, Ignacio Gomez, 72, Bob McMahon.

Copyright © by Holt, Rinehart and Winston

All rights reserved. No part of this publication may be reproduced or transmitted in any form or by any means, electronic or mechanical, including photocopy, recording, or any information storage and retrieval system, without permission in writing from the publisher.

Teachers using ¡VEN CONMIGO!, EN CAMINO may photocopy blackline masters in complete pages in sufficient quantities for classroom use only and not for resale.

¡VEN CONMIGO! is a registered trademark licensed to Holt, Rinehart and Winston.

Printed in the United States of America

ISBN 0-03-052483-0

1 2 3 4 5 6 021 02 01 00 99 98

Contents

TO THE TEACHER 2

ADDITIONAL LISTENING ACTIVITIES AND SONGS

CHAPTER 7
Activities 7-1, 7-2 5
Activities 7-3, 7-4 6
Activities 7-5, 7-6 7
Song: **El cóndor pasa** 8

CHAPTER 8
Activities 8-1, 8-2 9
Activities 8-3, 8-4 10
Activities 8-5, 8-6 11
Song: **El tecolote** 12

CHAPTER 9
Activities 9-1, 9-2 13
Activities 9-3, 9-4 14
Activities 9-5, 9-6 15
Song: **Mi pollera** 16

CHAPTER 10
Activities 10-1, 10-2 17
Activities 10-3, 10-4 18
Activities 10-5, 10-6 19
Song: **Las mañanitas** 20

CHAPTER 11
Activities 11-1, 11-2 21
Activities 11-3, 11-4 22
Activities 11-5, 11-6 23
Song: **Fray Martín** 24

CHAPTER 12
Activities 12-1, 12-2 25
Activities 12-3, 12-4 26
Activities 12-5, 12-6 27
Song: **Paloma blanca** 28

ADDITIONAL LISTENING ACTIVITIES SCRIPTS AND ANSWERS

Chapter 7 33–35
Chapter 8 36–38
Chapter 9 39–41
Chapter 10 42–44
Chapter 11 45–47
Chapter 12 48–50

STUDENT RESPONSE FORMS FOR PUPIL'S EDITION

Bridge Chapter 52–54
Chapter 7 55–57
Chapter 8 58–60
Chapter 9 61–63
Chapter 10 64–66
Chapter 11 67–69
Chapter 12 70–72

PUPIL'S EDITION SCRIPTS AND ANSWERS

Bridge Chapter 74–75
Chapter 7 76–77
Chapter 8 78–79
Chapter 9 80–81
Chapter 10 82–83
Chapter 11 84–85
Chapter 12 86–87

TESTING SCRIPTS AND ANSWERS

BRIDGE CHAPTER
Quizzes 89
Test 90

CHAPTER 7
Quizzes 91
Test 92

CHAPTER 8
Quizzes 93
Test 94

CHAPTER 9
Quizzes 95
Test 96

CHAPTER 10
Quizzes 97
Test 98

CHAPTER 11
Quizzes 99
Test 100

CHAPTER 12
Quizzes 101
Test 102

MIDTERM EXAM 103
FINAL EXAM 104

To the Teacher

The primary goal of **En camino** is to help students develop proficiency in Spanish. The *Listening Activities* program has been designed to develop students' listening skills through the use of contextualized language delivered by native speakers. The following sections describe the elements included in the *Listening Activities*, which serves as a complete guide to the **En camino** audio program.

Additional Listening Activities and Songs

Six activities, two for each **paso** in the chapter, provide additional listening comprehension practice. To develop listening skills, students can hear conversations, announcements, advertisements, radio broadcasts, phone messages, and other input that simulates real-life listening situations. These selections may contain some unfamiliar material to encourage students to use context clues. Students can write their responses on a copy of the activity master.

One song is also recorded for each chapter. Scripts and answers for the Additional Listening Activities are included in this book.

Textbook Listening Activities

The Textbook Listening Activities provide in-class practice with the themes and functions of each chapter. Copying masters of student response forms are provided in this book. These activities reinforce vocabulary and language functions. The scripts and answers for the Pupil's Edition listening activities are also included in this book.

Assessment Items

Scripts and answers are included here for the listening section of each **paso** quiz and chapter test, and the midterm and final exams. A complete set of scripts and answers for all assessment items is also included in the *Testing Program.*

Audio Recordings

All activities and presentations in the **En camino** audio program are available on both Audiocassettes and Audio Compact Discs. The Audiocassettes are organized into Textbook Listening Activities, Assessment Items, Additional Listening Activities, and Songs. Each of the six Audio CDs contains all of the activities related to the corresponding chapter. The Bridge Chapter listening program is included on the same Audio CD or Audiocassette side as Chapter 7.

Additional Listening Activities and Songs

Chapter 7	5–8
Chapter 8	9–12
Chapter 9	13–16
Chapter 10	17–20
Chapter 11	21–24
Chapter 12	25–28

Nombre _____ Clase _____ Fecha _____

Additional Listening Activities, Chapter 7

PRIMER PASO

7-1 You will hear a series of statements made during phone conversations. As you listen, choose the most logical response to each statement that you hear.

1. a. Buenos días.
   b. Llamo más tarde.

2. a. Habla Fernando.
   b. ¿Puedo dejar un recado?

3. a. Está Germán, por favor?
   b. Soy yo, Teresa.

4. a. Sí. Dile que vamos al parque de atracciones mañana.
   b. Pronto.

5. a. Habla Raimundo Gómez.
   b. Bueno, llamo más tarde.

6. a. Hola. ¿Está Luisa, por favor?
   b. Gracias. Hasta luego.

7. a. De parte de Olivia Jiménez.
   b. Estoy bien, gracias. ¿Y usted?

7-2 The first person home at the Herrera household is responsible for listening to and taking down the messages left on the answering machine. Listen to each message and complete the missing information on the slips below.

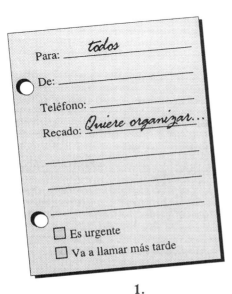

1.

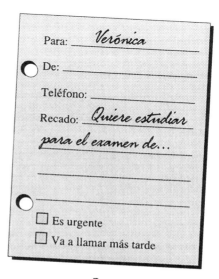

2.

¡Ven conmigo! En camino Level 1B, Additional Listening Activities

Nombre _____ Clase _____ Fecha _____

Additional Listening Activities, Chapter 7

SEGUNDO PASO

7-3 Today is Friday, and Pepe is asking everyone about his or her plans for the weekend. Listen to the conversations. Write what each person plans to do next to his or her name.

1. Marisa: **(MODELO)** va al concierto con sus primos
2. Héctor: _____
3. Anita: _____
4. Sergio: _____
5. Lupe: _____

7-4 Everyone has something to do before leaving the house. Listen to each conversation and then choose the drawing that shows what each person needs to do.

1. Joaquín quiere _____ antes de ir al cine.

   a.   b.

2. Aurelia necesita media hora para _____.

   a.   b.

3. Carlos tiene que _____ antes de la fiesta.

   a.   b.

4. Antes de salir, Víctor va a _____.

   a.   b.

Nombre _____ Clase _____ Fecha _____

Additional Listening Activities, Chapter 7

TERCER PASO

7-5 Marcos is secretary of the Spanish Club this year and is in charge of calling club members to remind them about the class picnic. Listen to his conversations with some members and keep track of who's coming and who's not. If the person is not coming, write his or her excuse.

Nombre	Sí	No	Excusa
Elisa			
Cristóbal			
Marisol			

7-6 When you're invited to do something that you don't want to do, you should politely turn the invitation down. Listen to the following invitations and choose the best refusal for each.

1. a. Gracias. Me gustaría ir, pero ya tengo planes.
   b. ¿La ópera? ¡Qué aburrido!

2. a. No, gracias. Tengo que estudiar esta tarde.
   b. No me gusta jugar a cartas.

3. a. Ahora no. Tengo prisa.
   b. Lo siento, pero tengo que hacer algo ahora mismo. Tal vez otro día.

4. a. Pues, gracias... pero no tengo ganas. Creo que estoy un poco enfermo/a.
   b. Si vas con Fernando, entonces no. Creo que es un chico muy antipático.

5. a. Lo siento, pero no puedo. Ya tengo otros planes.
   b. No, no me gustan las películas.

6. a. No quiero comer comida china. No me gusta.
   b. Me gustaría, pero esta noche no puedo. ¿Qué tal si vamos mañana a comer en el nuevo restaurante mexicano?

¡Ven conmigo! En camino Level 1B, Additional Listening Activities

Nombre _____ Clase _____ Fecha _____

Additional Listening Activities, Chapter 7

SONG

The nearly extinct **cóndor** (*condor*), with a wing span of as much as ten feet, is one of the largest birds in the world. It lives in the high Andes mountains of South America, and is the subject of many native legends. *El cóndor pasa* is probably the best-known Andean song in the world. The lyrics and this version of the song were written by Hernando Merino.

Andean music uses a wide array of unique stringed and wind instruments. Among them are **el charango** – a small, guitar-like instrument made from the shell of an armadillo, **la quena** – a kind of flute, **la zampoña** – an instrument similar to a set of pan pipes, and **el bombo** – a large drum.

El cóndor pasa

El cóndor, ave bella, pasará,
volará y jamás regresará.
¡Oh!
El indio en el desierto morirá,
Su corazón se elevará y volará.
¡Oh!
¿Quién sabe mañana adónde irán,
que harán, que comerán?
Quizás nunca más regresarán,
Y pienso que no viviré,
y no podré.

This song is recorded on *Audio CD 7* and also on *Audiocassette 6: Songs*. Although it is presented in this chapter, it can be used at any time.

Nombre _____ Clase _____ Fecha _____

Additional Listening Activities, Chapter 8

PRIMER PASO

8-1 Listen as several students talk about what they eat for breakfast. Write the person's name below what he or she eats.

_____ _____ _____ _____ _____

_____ _____ _____

8-2 Today is Laura's turn to pick up lunch for the people at work. Listen as everyone tells her what they want, and complete each person's order below.

Nombre	Comida	Bebida
Antonia	una sopa de legumbres; una _____ de lechuga y _____	un vaso de _____
Lucía	_____ ; unas papitas	una limonada grande
Sra. Mercado	una _____	un té frío

¡Ven conmigo! En camino Level 1 B, Additional Listening Activities

Nombre _____ Clase _____ Fecha _____

Additional Listening Activities, Chapter 8

SEGUNDO PASO

8-3 You overhear several conversations in a crowded restaurant. Listen to each one and then decide if each person likes his or her food. Circle **sí** or **no** on your answer sheet.

1. Rafa   sí   no
2. Mónica   sí   no
3. Ernesto   sí   no
4. Nuria   sí   no
5. Horacio   sí   no
6. Beatriz   sí   no

8-4 It's Saturday morning and Sr. Sánchez is getting ready to go to the supermarket. Listen to Sr. and Sra. Sánchez talk about what they need to buy. Make a list of the groceries they decide upon.

café
_____

_____

fruta (fresas)
_____

_____

_____

leche
_____

Nombre _____ Clase _____ Fecha _____

Additional Listening Activities, Chapter 8

TERCER PASO

8-5 Listen to these conversations and answer the following questions based on what you hear.

1. La muchacha necesita otro _____.
   a. sándwich
   b. tenedor

2. Al muchacho le encanta _____.
   a. el flan
   b. el helado

3. Esta persona _____.
   a. quiere comer mucho
   b. no tiene mucha hambre

4. Este señor quiere _____.
   a. pagar la cuenta
   b. atún con cebolla y tomate

8-6 In family-owned restaurants, it's not uncommon for waiters to tell customers the amount of the bill instead of giving them a written bill. Listen as José María adds up the totals for different customers, and write the correct total for each one.

¡Ven conmigo! En camino Level 1B, Additional Listening Activities   Listening Activities **11**

Nombre _____ Clase _____ Fecha _____

Additional Listening Activities, Chapter 8

SONG

In Mexico an owl is called a **tecolote**. This song is from the state of Michoacán, where in the forests one can hear the songs of many different birds, among them **el tecolote**.

El tecolote

Tecolote de guadaña,
Pájaro madrugador. *(Repite)*
¿Me prestarás tus alitas,
Me prestarás tus alitas,
Me prestarás tus alitas
Para ir a ver a mi amor,
Para ir a ver a mi amor?

Ticuri cuiri, cuiri, cu
Ticuri cuiri, cuiri, cu
Ticuri cuiri, cuiri, cu.
Pobrecito tecolote,
Ya se cansa de volar.

This song is recorded on *Audio CD 8* and also on *Audiocassette 6: Songs*. Although it is presented with this chapter, it can be used at any time.

PRIMER PASO

9-1 Listen to the description of **Sra. Sotomayor's** shopping trip. As you listen, fill in the name of the store and then circle the items she buys in each place.

MODELO	**Florería**	Girasol	(rosas blancas)	unas plantas
1.	_____	Córdoba	unas botas	unos zapatos
2.	_____	Dorada	pan	pan dulce
3.	_____	Venecia	un té	un refresco
4.	_____	Pequeñín	unos juguetes	un juego de mesa
5.	_____	Hermanos Gómez	leche	dulces
6.	_____	Vargas	una piña	unas naranjas

9-2 Pepe is new in **Peña del Camino** and doesn't know his way around town very well yet. You will hear him ask where different places are. Listen to each conversation, and complete the map by labeling each building based on what you hear.

MODELO **Perdón, ¿me puede decir dónde está el supermercado?**
Está en la Calle Alameda, al lado del parque.

(You should write **supermercado** in the building next to the park, on the **Calle Alameda**)

SEGUNDO PASO

9-3 You work at the luggage-claim office at the airport. Two passengers who have lost their luggage come in to see if you can help them find their bags. Listen as they describe the contents of their suitcases, and draw a line connecting the person with the correct suitcase.

1. Teresa   a.

2. Javier   b.

9-4 During your shopping expedition, you stop at a café for a snack. Listen to some of the conversations of the other café customers, and choose the best answer based on the conversations.

1. Nuria dice que los pantalones cortos son _____ que una minifalda.
   a. más cómodos
   b. menos caros

2. Roberto cree que un juego de mesa es _____ que una planta para un regalo.
   a. menos interesante
   b. más divertido

3. Jaime cree que la chaqueta de rayas está _____ que la chaqueta azul.
   a. más de moda
   b. menos cómoda

4. Elena dice que un disco compacto es _____ que unos aretes.
   a. menos caro
   b. más divertido

Nombre _____ Clase _____ Fecha _____

Additional Listening Activities, Chapter 9

TERCER PASO

9-5 Yoli is shopping for clothes with her best friend, Manuela. Listen to their conversation and circle the items that Yoli decides to buy.

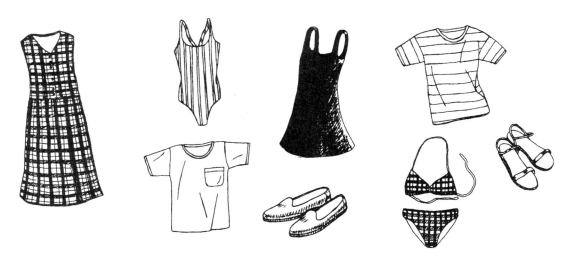

9-6 Alma is shopping with a friend at Almacén Santos while in Madrid. Take notes while you listen to their conversation and then answer the questions below.

1. What kinds of purchases (for whom) is Alma making? _____

2. What is Alma going to buy for her mother? _____

3. What does Alma want to know about the wool shorts? _____

4. Why does she say ¡Es un robo!? _____

¡Ven conmigo! En camino Level 1B, Additional Listening Activities

Nombre _____ Clase _____ Fecha _____

Additional Listening Activities, Chapter 9

SONG

The **pollera**, a long, white, flowing dress, made of fine white cotton and decorated with flowers of many colors, is the traditional folk dress of Panamanian women. This song, which finds its inspiration in the **pollera**, is typical of Panamanian folk music.

Mi pollera

Mi pollera, mi pollera,
Mi pollera es colorada.
Dame tú una pollera
De olán de coco,
Si tú no me la das,
me voy con otro.

Mi pollera, mi pollera,
Mi pollera es colorada.
La tuya es blanca, la mía colorada
Mi pollera es colorada.

Mi pollera, mi pollera,
Mi pollera es colorada,
Yo quiero una pollera de olán de hilo,
Dámela tú, que me voy contigo.

This song is recorded on *Audio CD 9* and is also on *Audiocassette 6: Songs*. Although it is presented in this chapter, it can be used at any time.

Nombre _____ Clase _____ Fecha _____

Additional Listening Activities, Chapter 10

PRIMER PASO

10-1 Sr. and Sra. Carvajal have left their 16 year-old daughter Nuria in charge of the house while they take an overnight trip to celebrate their anniversary. Listen as they call to check on things. As you listen, fill in the missing information on the chart below.

Nombre	¿Dónde está?	¿Qué está haciendo?
Carlos	_____	está lavando los platos
Pablo	la cocina	está _____ un postre
Isabel	la sala	está _____
Nuria	el cuarto de baño	está _____ a Miqui

10-2 Nobody looks further ahead than Eréndira. She's planning the decorations and invitations for her family's celebrations a whole year in advance! Listen as she asks her sister's opinion of her plans. On your answer sheet, indicate which holiday they are most likely talking about.

> el Día de la Independencia   el Día de Acción de Gracias   el Día de la Madre
> las Pascuas

1. _____
2. _____
3. _____
4. _____

¡Ven conmigo! En camino Level 1B, Additional Listening Activities

Nombre _____ Clase _____ Fecha _____

Additional Listening Activities, Chapter 10

SEGUNDO PASO

10-3 Diego and a group of friends are in a big rush to get ready for the surprise party tonight at his house, but it seems like everyone is talking to Diego at once. Listen to the following questions and choose the more logical response for Diego to each one.

1. a. Cómo no. ¿Pongo los globos azules y los rojos en la sala?
   b. Sí, con mucho gusto. ¿Me pasas un cuchillo?

2. a. ¿Qué tal si lo ponemos en la sala, al lado de la ventana?
   b. ¿Qué tal si lo ponemos en el cuarto de baño?

3. a. No te puedo ayudar con las invitaciones.
   b. Buena idea. En el patio hay lugar para todos.

4. a. Claro que sí, ¿los globos azules en la sala?
   b. Muy bien. ¿Los ponemos cerca de la ventana?

5. a. Creo que sí. Hay limonada, jugos, agua mineral...
   b. No sé. Ve a mi cuarto y busca unos más.

6. a. Sí, hay lugar, pero hay que mover el sofá. ¿Me ayudas?
   b. Con mucho gusto. ¿Quieres las empanadas también?

7. a. Creo que están en mi cuarto, debajo de la cama.
   b. ¿Por qué no las pones en el patio sobre la mesa?

10-4 Listen as Alberto and Susana Aguilar's parents ask them to help out around the house. Write the number of each conversation next to the corresponding picture below.

  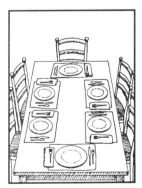 

a. _____   b. _____   c. _____   d. _____

TERCER PASO

10-5 Gonzalo lost his wallet today. Listen as he talks to his sister Marta about the problem. As you listen to their conversation, match the places he went today with the activities listed below. Where is his wallet?

1. En casa
2. La biblioteca
3. Un café
4. La tienda de música
5. La librería

a. compró un disco compacto
b. compró una revista
c. almorzó
d. estudió dos horas
e. desayunó

His wallet is _____.

10-6 Tonight is the Spanish Club party at Nicolás's house. Listen as Nicolás and his mother talk about what has already been done and what still needs to be done before the party. As you listen, mark each of the activities below according to whether it has happened already (**ya**) or not yet (**todavía no**).

Ya		Todavía no
	pasar la aspiradora	
	limpiar el cuarto de baño	
	sacar la basura	
	decorar el pastel	
	hacer las galletas	
	preparar los sándwiches	
	decorar el patio	
	poner los globos en la sala	

Nombre _____ Clase _____ Fecha _____

Additional Listening Activities, Chapter 10

SONG

This is the traditional song for birthdays and saint's days throughout Mexico and the southwestern United States. It used to be a serenade sung under a loved one's window in the early hours of the morning. In contemporary Mexico, a more typical custom is to play the song early in the morning, while the person having the birthday is still sleeping. When the song concludes, everyone barges into the bedroom with gifts, exchanging hugs and good wishes.

Las mañanitas

Estas son las mañanitas que cantaba el Rey David;
a las muchachas bonitas se las cantamos aquí.
Despierta mi bien despierta, mira que ya amaneció.
Ya los pajarillos cantan, la luna ya se metió.

Qué linda está la mañana en que vengo a saludarte;
venimos todos con gusto y placer a felicitarte.

El día en que tú naciste, nacieron todas las flores,
y en la pila del bautismo cantaron los ruiseñores.
Ya viene amaneciendo, y la luz del día nos dio,
levántate de mañana, mira que ya amaneció.

This song is recorded on *Audio CD 10* and also on *Audiocassette 6: Songs*. Although it is presented in this chapter, it can be used at any time.

Additional Listening Activities, Chapter 11

PRIMER PASO

11-1 You will hear a series of invitations and suggestions. Listen and decide if each one is accepted or not, and write **sí** or **no** according to what you hear.

1. _____
2. _____
3. _____
4. _____

11-2 Chela and Gerardo want to get in shape. Listen as they try to decide what sports to include in their new exercise program. What do they finally decide on?

They decide to start _____.

Nombre _____ Clase _____ Fecha _____

Additional Listening Activities, Chapter 11

SEGUNDO PASO

11-3 You will hear a series of dialogues between some friends, family members, and neighbors about how they are feeling today. Listen to each one, then choose the drawing that most closely reflects how each person is feeling. Write the number of the dialogue beneath the drawing that it matches.

A. _____   B. _____   C. _____   D. _____

11-4 Raquel has a part-time job at the downtown health clinic. Listen as she takes calls from different patients. Based on what you hear, fill in the missing blanks in the chart below.

Nombre	Síntomas	Hora de la cita
Teresa Dávila de Fuentes	le duele la garganta	
Agustín Osorio		1:15 P.M.
Geraldo López	le duele la cabeza	
Alicia Mendoza		12:30 P.M.

Nombre _____ Clase _____ Fecha _____

Additional Listening Activities, Chapter 11

■ TERCER PASO

11-5 You are thinking of taking a class at your town's summer sports camp and you want to find out where the classes are being held. Listen to the recording giving information about the summer sports camp, and fill in the location of each class according to the schedule given.

1. martes y viernes 11:00 A.M. (yoga) _____

2. lunes y miércoles 7:00 A.M. (correr) _____

3. viernes y sábados 10:00 A.M. y 2:00 P.M. (tenis) _____

4. jueves y domingos 4:30 P.M. (fútbol) _____

11-6 You will hear several short conversations about where different people went. As you listen, write each person's name below the places where he or she went.

_____ _____ _____ _____ _____ _____

¡Ven conmigo! En camino Level 1B, Additional Listening Activities

Nombre _____ Clase _____ Fecha _____

Additional Listening Activities, Chapter 11

SONG

This is an old song, with versions found in a number of European countries. You might be familiar with the English version, *Brother John*, or the French version, *Frère Jacques*. The version sung in Spain is called ***Fray Martín*** (the word **fray** is a title used to refer to a monk). In the song, **Fray Martín** is told that he must go up in the bell tower (**subir al campanario**) in order to ring the church bells (**la campana**) for morning mass. This song is very often sung as a round.

Fray Martín

Fray Martín al campanario,
¡sube ya!, ¡sube ya!, toca la campana, toca la campana
¡Din!, ¡Don!, ¡Dan!, ¡Din!, ¡Don!, ¡Dan!
(*Repite*)

This song is recorded on *Audio CD 11* and also on *Audiocassette 6: Songs*. Although it is presented in this chapter, it can be used at any time.

Nombre _____ Clase _____ Fecha _____

Additional Listening Activities, Chapter 12

PRIMER PASO

12-1 Cecilia is getting set for a summer filled with activities. Listen as she describes her weekly schedule and use the activities below to fill in her calendar. Part of the calendar has already been filled in.

> partidos de fútbol   clase de natación   hacer ejercicio   trabajo

AGENDA SEMANAL						
domingo	lunes	martes	miércoles	jueves	viernes	sábado
	trabajo	clase de natación	trabajo	trabajo		hacer ejercicio

12-2 Listen as several people tell you about their upcoming vacation plans. Using the box below, write each person's name and what he or she needs for his or her trip.

> Teresa   Esteban   Victoria   Ernesto
> la cámara   los boletos   la maleta   el bloqueador

1. _____ 2. _____ 3. _____ 4. _____

¡Ven conmigo! En camino Level 1B, Additional Listening Activities

Nombre _____ Clase _____ Fecha _____

Additional Listening Activities, Chapter 12

SEGUNDO PASO

12-3 Listen as Jaime tells Luis what his family members like to do on vacation. Match each person's name with the activity he or she likes to do.

_____ 1. Alicia   a. bajar el río en canoa

_____ 2. Los padres   b. no hacer nada

_____ 3. Armando   c. dar una caminata

_____ 4. Blanca   d. escalar montañas

_____ 5. Jaime   e. explorar el bosque

12-4 Imagine that you work at the travel agency **El Paracaídas**. Listen as each client tells you about his or her likes and dislikes. Fill in the chart below according to what each person would like to do.

> le gustaría visitar museos   le gustaría ir al campo
> tiene ganas de ver plantas   prefiere un lago o río cerca

Cliente	¿Qué le gustaría hacer?
Laura Treviño	
Arturo Ybarra	
Clara Montero	
Enrique Saldaña	

Nombre _____ Clase _____ Fecha _____

Additional Listening Activities, Chapter 12

TERCER PASO

12-5 Piero just got back from vacation and he and his friend Marta are talking about what everyone did on vacation. Listen to their conversation and choose the right answer to the question.

1. a. Marta se quedó en casa.
   b. Marta fue a Italia.

2. a. Piero no fue a ningún lugar.
   b. Piero fue a visitar a su familia en Italia.

3. a. Edwin fue a acampar en los bosques de Alemania.
   b. Edwin fue a explorar la selva tropical.

4. a. Nora fue a saltar en paracaídas en Alemania.
   b. Nora fue a visitar a una amiga en Alemania.

12-6 Guillermo was out of town for most of the summer vacation. Listen as his friend Sara tells him what happened while he was gone. Write each person's name below the drawing that shows what she or he did on vacation.

1. _____ 2. _____ 3. _____ 4. _____ 5. _____

Additional Listening Activities, Chapter 12

SONG

This very old song is probably from Mexico. When it was composed, it was customary for authors to "sign" their songs by including their names in the lyrics at the end of the song. Thus we know that Espiridión Zalazar wrote this song.

Paloma blanca

1. Paloma blanca,
   Blanca paloma,
   Quién tuviera tus alas,
   Tus alas quién tuviera para volar,
   Y volar para
   Donde están mis amores, mis amores donde están

   Refrán
   Tómale y llévale, llévale y tómale,
   Este ramo de flores, de flores este ramo
   Para que se acuerde de este pobre corazón.
   Zancas de gallo copetón,
   Espiridión Zalazar.

2. Tuve un amor,
   Un amor tuve,
   Lo quiero y lo quise
   Lo quise y lo quiero
   Porque era fino,
   Porque fino era,
   Más fino que un diamante.
   Como un diamante fino.
   Refrán

This song is recorded on *Audio CD 12* and *Audiocassette 6: Songs*. Although it is presented in this chapter, it can be used at any time.

Additional Listening Activities Scripts and Answers

Chapter 7	33–35
Chapter 8	36–38
Chapter 9	39–41
Chapter 10	42–44
Chapter 11	45–47
Chapter 12	48–50

Scripts *for* Additional Listening Activities, Ch. 7

Additional Listening Activity 7-1, p. 5

1. ¿Diga?
2. Lo siento, no está.
3. ¿Quién habla?
4. ¿Quieres dejar un recado?
5. La línea está ocupada.
6. ¿Bueno?
7. ¿De parte de quién, por favor?

Additional Listening Activity 7-2, p. 5

TÍA ISABEL Hola, todos. Habla tía Isabel. Este recado es para todos. Escuchen, quiero organizar una fiesta de sorpresa para abuela. Me gustaría hacer la fiesta este sábado. Por favor, llámenme más tarde en casa, al cuatro, cincuenta y uno, cincuenta y seis, treinta y tres. Es urgente. Hasta luego.

TERESA Hola, buenas tardes. Habla Teresa y este recado es para Verónica. Oye, Verónica, por favor, ¿puedes ayudarme a estudiar esta noche para el examen de inglés? Necesito tu ayuda. Por favor, llámame al cuatro, cincuenta y nueve, treinta y cuatro, cuarenta y cinco. ¡Es urgente! Gracias, chica.

Additional Listening Activity 7-3, p. 6

1. PEPE Marisa, ¿qué vas a hacer esta noche?
   MARISA Voy a salir con mis primos. Vamos a un concierto.
2. PEPE Héctor, ¿qué planes tienes el sábado por la tarde?
   HÉCTOR Voy a ir al lago con mi amigo Martín. Vamos a nadar.
3. PEPE Anita, ¿qué planes tienes para el domingo por la noche?
   ANITA ¡Tengo que acompañar a mi hermanito al circo! ¡El circo! ¡Qué aburrido!
4. PEPE Sergio, ¿qué haces mañana por la mañana?
   SERGIO Bueno, pienso ir al campo con mi hermano mayor.
5. PEPE Lupe, ¿qué vas a hacer el domingo por la tarde?
   LUPE Bueno, voy a la casa de mis tíos. Hay una fiesta para celebrar su aniversario de bodas.

Additional Listening Activity 7-4, p. 6

1. ANA ¿Estás listo, Joaquín?
   JOAQUÍN Todavía no. Necesito afeitarme.
2. GERALDO ¿Aurelia? Aurelia, ¿dónde estás?
   AURELIA Perdón. No estoy lista todavía.
   GERALDO Pero, cariño... el concierto empieza a las ocho y media y ya son las ocho y diez.
   AURELIA No te preocupes. Sólo necesito maquillarme.
3. LUISA ¿Carlos? ¿Qué haces? Los invitados van a llegar dentro de poco.
   CARLOS Estoy casi listo, sólo necesito peinarme.
4. MAMÁ Víctor, nos vamos ahora mismo. Tu cita con el dentista es a las cinco en punto.
   VÍCTOR Ya voy, mamá.
   MAMÁ Oye, Víctor, tienes que lavarte bien los dientes antes, ¿eh?
   VÍCTOR Sí, sí, mamá. Voy a lavármelos ahora.

Additional Listening Activity 7-5, p. 7

1. **MARCOS** Hola, Elisa, ¿eres tú? Soy yo, Marcos.
    ELISA Marcos, ¿cómo estás?
    MARCOS Bien, gracias. Sólo quería saber si vas al picnic del club.
    ELISA Ah, sí, el picnic... ¿Cuándo es?
    MARCOS Mañana, a la una.
    ELISA Ay, Marcos, perdóname, pero no puedo ir. Mañana tengo que ir a la boda de mi prima Susana.

2. **MARCOS** Hola, Cristóbal. Oye, ¿vas al picnic mañana?
    CRISTÓBAL Sí, claro. Es a la una, ¿verdad?
    MARCOS Sí, en el parque.
    CRISTÓBAL Bueno, nos vemos allí. Hasta mañana.

3. **MARISOL** ¿Diga?
    MARCOS Hola, ¿Marisol? Habla Marcos.
    MARISOL Marcos, ¿qué tal?
    MARCOS Muy bien, gracias. Oye, Marisol... vas a nuestro picnic mañana, ¿verdad?
    MARISOL Bueno, depende. Me gustaría ir, pero mi prima Rosaura está aquí de visita. No quiero dejarla sola en casa.
    MARCOS No te preocupes. Si ella quiere, puede venir también. Tenemos mucha comida.
    MARISOL Ah, perfecto. Entonces, sí vamos las dos.
    MARCOS Muy bien. Hasta mañana.

Additional Listening Activity 7-6, p. 7

1. ¿Te gustaría ir conmigo al teatro mañana? Vamos a la ópera.
2. ¿Tienes ganas de venir a mi casa? Vamos a jugar a las cartas.
3. Oye, ¿quieres ir a tomar un helado ahora?
4. Oye, Fernando y yo vamos a hacer un viaje al campo mañana. ¿Te gustaría venir?
5. Esta noche vamos al cine para ver esa película nueva. ¿Quieres ir?
6. ¿Tienes ganas de ir conmigo a cenar en ese restaurante chino nuevo?

Answers to Additional Listening Activities, Ch. 7

Additional Listening Activity 7-1, p. 5

1. a
2. b
3. b
4. a
5. b
6. a
7. a

Additional Listening Activity 7-2, p. 5

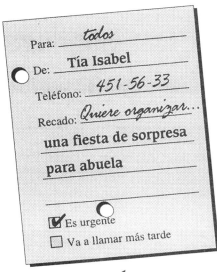

1.

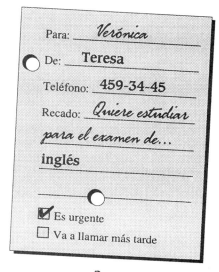

2.

Additional Listening Activity 7-3, p. 6

1. Marisa: va al concierto con sus primos
2. Héctor: va al lago con su amigo Martín
3. Anita: va al circo con su hermanito
4. Sergio: va al campo con su hermano mayor
5. Lupe: va a la fiesta de aniversario de sus tíos

Additional Listening Activity 7-4, p. 6

1. b   2. a   3. b   4. a

Additional Listening Activity 7-5, p. 7

Elisa: no; tiene que ir a una boda
Cristóbal: sí
Marisol: sí

Additional Listening Activity 7-6, p. 7

1. a   2. a   3. b   4. a   5. a   6. b

Scripts for Additional Listening Activities, Ch. 8

Additional Listening Activity 8-1, p. 9

MARTA Hola. Me llamo Marta. Por lo general tomo un vaso de jugo de naranja y como un poco de pan tostado con jalea.
PEDRO Me llamo Pedro. No me gustan los desayunos fuertes. Para el desayuno, tomo un vaso de leche y preparo una ensalada de frutas con uvas y plátanos.
SUSANA Me llamo Susana. Por las mañanas no como mucho. Sólo un poco de cereal.
RAMÓN Hola. Soy Ramón. En mi casa siempre desayunamos mucho. Generalmente, como dos huevos fritos con tocino y pan dulce. ¡El desayuno es delicioso!

Additional Listening Activity 8-2, p. 9

LAURA Antonia, ¿qué quieres para el almuerzo hoy?
ANTONIA Mmm... quiero una sopa de legumbres, por favor.
LAURA ¿Eso es todo?
ANTONIA No... también quiero una ensalada de lechuga y tomate. Y de tomar, un vaso de leche.
LAURA Perfecto.

LAURA Lucía, ¿qué quieres para el almuerzo?
LUCÍA A ver... pues, tengo ganas de comer uno... no, dos... dos perros calientes. Y unas papitas también, por favor.
LAURA Bueno. ¿Qué quieres para tomar?
LUCÍA Una limonada grande.
LAURA Muy bien.

LAURA Sra. Mercado, perdone que la interrumpa. Voy al café a comprar el almuerzo. ¿Quiere usted algo?
SRA. MERCADO Sí, déjame pensar... pues, tráeme una sopa de pollo, por favor.
LAURA ¿No quiere nada más?
SRA. MERCADO No, sólo la sopa, gracias. No tengo mucha hambre. Y de tomar, quisiera un té frío, por favor.

Additional Listening Activity 8-3, p. 10

1. ANITA Rafa, ¿cómo está la sopa?
   RAFA ¡Uy! Está horrible. Está salada y fría.

2. GUILLERMO Mónica, ¿cómo están las enchiladas?
   MÓNICA Riquísimas. Me encantan las enchiladas de queso. ¿Quieres probarlas?

3. HILDA Ernesto, ¿qué es eso? ¿Qué estás comiendo?
   ERNESTO Es una pizza de atún y piña. ¡Es mi pizza favorita! Me encanta.

4. JAVIER Nuria, no estás comiendo nada. ¿No te gusta el pollo?
   NURIA Está muy picante, y a mí no me gusta mucho la comida picante.

5. MERCEDES Horacio, ¿cómo están las empanadas?
   HORACIO Están bien ricas. Las de carne son muy buenas, pero las de pollo son deliciosas. Creo que voy a pedir unas más.

6. PEDRO Beatriz, ¿cómo está el sándwich?
   BEATRIZ Pues, el sándwich tiene mucho pan y mucha lechuga... ¡pero no tiene nada de jamón ni de queso! Voy a hablar con el camarero ahora. ¡Camarero!

Additional Listening Activity 8-4, p. 10

SR. SÁNCHEZ	Querida, voy a salir dentro de un rato para hacer compras. ¿Debemos hacer una lista?
SRA. SÁNCHEZ	Sí. ¿Qué tenemos que comprar?
SR. SÁNCHEZ	A ver... necesitamos café... y necesitamos frijoles.
SRA. SÁNCHEZ	Bueno... ¿por qué no compras un poco de fruta? Ya tenemos naranjas en casa, pero me gustaría comprar unas fresas. Los batidos de leche, plátano y fresas son ricos siempre.
SR. SÁNCHEZ	De acuerdo. A los niños les encantan.
SRA. SÁNCHEZ	A propósito, los niños quieren hamburguesas esta noche. ¿Qué te parece? Si tú también quieres hamburguesas, necesitas comprar carne de res.
SR. SÁNCHEZ	Está bien. ¿Quieres lechuga también?
SRA. SÁNCHEZ	No, no creo. Ya tenemos lechuga.
SR. SÁNCHEZ	¿Qué más?
SRA. SÁNCHEZ	Déjame pensar. De postre, voy a hacer un flan. Necesito huevos y leche.
SR. SÁNCHEZ	Bueno, si no necesitamos más, me voy. Hasta luego.
SRA. SÁNCHEZ	Hasta pronto.

Additional Listening Activity 8-5, p. 11

1.
LUPE	Oiga, camarero, este tenedor está sucio. ¿Me puede traer otro?
CAMARERO	Cómo no. Se lo traigo enseguida.

2.
GERMÁN	Camarero, la cuenta, por favor.
CAMARERO	¿Desea algo más?
GERMÁN	Bueno, tal vez un poco de flan, gracias. Me encanta el flan.
CAMARERO	Muy bien.

3.
CAMARERO	Muy buenas noches. ¿Qué le puedo traer? Hoy el plato del día es camarones al mojo de ajo. Están riquísimos esta noche.
FERNANDA	Bueno, es que no tengo mucha hambre. Quisiera sopa de pollo y un batido de fresa.
CAMARERO	Excelente.

4.
CAMARERO	Son tres mil quinientos sucres, señor.
SANTI	Muy bien. ¿Está incluida la propina?
CAMARERO	No, es aparte.

Additional Listening Activity 8-6, p. 11

1. JOSÉ MARÍA Pues... son dos platos del día a mil doscientos cada uno... más dos limonadas y una botella de agua mineral... a ver... en total, son tres mil pesetas.
2. JOSÉ MARÍA Vamos a ver... dos ensaladas de frutas, un bistec, un pescado con almendras y dos batidos... Son dos mil cincuenta pesetas, muchachos.
3. JOSÉ MARÍA A ver... dos cafés y un flan... Son ochocientas pesetas, señores.
4. JOSÉ MARÍA Pues... un sándwich de jamón, una ensalada de atún, una de frutas, una sopa de pollo y cuatro de té frío... Son dos mil setecientas pesetas, muchachas.

Answers to Additional Listening Activities, Ch. 8

Additional Listening Activity 8-1, p. 9

Marta—jugo de naranja, pan tostado
Pedro—leche, ensalada de frutas
Susana—cereal
Ramón—huevos con tocino, pan dulce

Additional Listening Activity 8-2, p. 9

Nombre	Comida	Bebida
Antonia	una sopa de legumbres: una __ensalada__ de lechuga y __tomate__	un vaso de __leche__
Lucía	__dos perros calientes__ : unas papitas	una limonada grande
Sra. Mercado	una __sopa de pollo__	un té frío

Additional Listening Activity 8-3, p. 10

1. no
2. sí
3. sí
4. no
5. sí
6. no

Additional Listening Activity 8-4, p. 10

café
frijoles
fresas
carne de res
huevos
leche

Additional Listening Activity 8-5, p. 11

1. b   2. a   3. b   4. a

Additional Listening Activity 8-6, p. 11

1. 3.000 ptas.
2. 2.050 ptas.
3. 800 ptas.
4. 2.700 ptas.

Scripts for Additional Listening Activities, Ch. 9

Additional Listening Activity 9-1, p. 13

NARRADORA Hoy es lunes y la Sra. Sotomayor va a tener un día muy ocupado. Necesita ir al centro para comprar muchas cosas. Primero, va a la Florería Girasol. Allí comprará seis rosas blancas. Después, va a la Zapatería Córdoba. Allí mira los zapatos de señora. Son muy elegantes, pero también son carísimos. Por fin, compra unos zapatos de cuero. Luego va a la Panadería Dorada, donde compra dos panes grandes para la comida y la cena esta noche. Ahora la Sra. Sotomayor tiene sed. Por eso, va al Café Venecia y pide un refresco. Después de tomarlo, va a la Juguetería "Pequeñín" donde le compra unos juguetes a su hijo Tomás. Luego, la Sra. Sotomayor pasa por la tienda de comestibles "Hermanos Gómez." Allí compra leche. Va después a la Frutería Vargas y compra naranjas para la comida de hoy.

Additional Listening Activity 9-2, p. 13

PEPE Perdón, señor. ¿Dónde está la zapatería?
SR. Está cerca de la Plaza Mayor. Está al lado de la universidad, en la Avenida del Parque.
PEPE Muchas gracias.

PEPE Muy buenas tardes, señora. Por favor, ¿me puede decir dónde queda la panadería?
SRA. Queda al lado de la iglesia, en la Calle Mayor. Está muy cerca de Correos.
PEPE Gracias, señora.
SRA. De nada, joven.

PEPE Buenos días, señor. ¿Me puede decir si hay una tienda de comestibles en la Calle Central?
SR. Sí, en la Calle Central hay una tienda de comestibles muy buena. Está al lado de Correos.
PEPE Gracias. Muy amable.

PEPE Muy buenas tardes, señor. ¿Me puede decir dónde está una juguetería?
SR. Sí, cómo no. La juguetería está al lado de la biblioteca, en la Calle Mayor.
PEPE Gracias.

Additional Listening Activity 9-3, p. 14

TERESA Hola, buenos días. Me llamo Teresa Bordón y quiero encontrar mi maleta perdida. Es una maleta negra. Adentro hay una camiseta, una chaqueta de rayas, unos bluejeans y unos zapatos de tenis. Oh... y también unos calcetines de algodón. ¿Puede encontrarlo?
JAVIER Hola. Mi nombre es Javier Martínez. Estoy buscando mi maleta perdida. Es una maleta negra. Adentro hay unos zapatos de tenis, una camiseta y una chaqueta de rayas. También hay unos pantalones cortos y un suéter de algodón. ¿Está aquí?

Additional Listening Activity 9-4, p. 14

LUZ Nuria, ¿qué debo llevar a la fiesta? ¿Estos pantalones cortos o esta minifalda?
NURIA Bueno, vamos a jugar al voleibol allí y me parece que los pantalones cortos son más cómodos que la minifalda.
LUZ Tienes razón.

ARA Roberto, debemos llevarle algo a Daniel. Está en el hospital con apendicitis. ¿Quieres comprarle unas flores o tal vez una planta?
ROBERTO Este... ¿qué tal si le llevamos un juego de mesa? Es más divertido que una planta, ¿no te parece?
ARA Buena idea. Vamos a la juguetería esta tarde.

¡Ven conmigo! En camino Level 1B, ALA Scripts and Answers

JULIA	Jaime, ¿cuál chaqueta vas a comprar? ¿La azul o la de rayas?
JAIME	Bueno, la de rayas me gusta. Creo que está más de moda ahora que la azul y cuestan lo mismo.
JULIA	Muy bien.

ELENA	Chica, tenemos que encontrar algo para el cumpleaños de Rosario. ¿Qué le compramos?
MARTA	Pues, no sé. ¿Qué tal si le compramos unos aretes?
ELENA	Ella siempre lleva aretes, pero... no sé. Son muy caros. ¿Qué te parece si le regalamos un disco compacto? Cuesta menos que los aretes.
MARTA	Perfecto.

Additional Listening Activity 9-5, p. 15

YOLI	A ver... todavía necesito unas cosas. Necesito camisetas...
MANUELA	Aquí hay unas camisetas bien bonitas. ¿Cuál de éstas prefieres? ¿La de rayas o la blanca?
YOLI	Eh, prefiero la de rayas. Cuestan lo mismo, ¿verdad? ¿Qué más? Ah, sí, un vestido. ¿Qué piensas? ¿Debo comprar este vestido negro o éste de cuadros?
MANUELA	A mí me gusta el color negro porque lo puedes combinar con todo. Además está muy de moda, ¿no?
YOLI	Bueno, pues. Compro el negro. También necesito un traje de baño porque vamos a la piscina. Creo que prefiero este traje de baño de cuadros. El otro no me gusta tanto. ¿Qué más? Ah... unos zapatos también.
MANUELA	Mira éstos. ¿Te gustan? ¿O prefieres sandalias? Estas sandalias son muy baratas.
YOLI	Eh, creo que debo comprar zapatos. Son más prácticos que sandalias.

Additional Listening Activity 9-6, p. 15

ALMA	Chica, mira estas blusas de seda. Son bonitas y sólo cuestan mil quinientas pesetas. Son baratísimas, ¿no?
PEPA	Sí. Parece increíble. Puedes comprarte una y regalarle una a tu hermana también. ¿A ella le gustan las blusas de seda?
ALMA	Pues, no tanto. Pero a mi madre, sí le encanta la seda. Le voy a comprar una. Mi hermana prefiere ropa más cómoda, como pantalones cortos, por ejemplo.
PEPA	Aquí hay unos pantalones cortos de cuadros. Son de lana.
ALMA	Sí, me gustan. Pero ¿cuánto cuestan? ¡Cuatro mil quinientas pesetas! ¡Es un robo!

Answers to Additional Listening Activities, Ch. 9

Additional Listening Activity 9-1, p. 13

1. <u>Zapatería</u> Córdoba: unas sandalias
2. <u>Panadería</u> Dorada: pan
3. <u>Café</u> Venecia: un refresco
4. <u>Juguetería</u> Pequeñín: unos juguetes
5. <u>Tienda de comestibles</u> "Hermanos Gómez": leche
6. <u>Frutería</u> Vargas: naranjas

Additional Listening Activity 9-2, p. 13

Additional Listening Activity 9-3, p. 14

1. b   2. a

Additional Listening Activity 9-4, p. 14

1. a   2. b   3. a   4. a

Additional Listening Activity 9-5, p. 15

The following items should be circled:
la camiseta de rayas, el vestido negro, el traje de baño de cuadros, los zapatos

Additional Listening Activity 9-6, p. 15

1. Alma wants to buy gifts for <u>her family</u>.
2. Alma is going to buy a silk blouse for her <u>mother</u>.
3. Alma wants to know how much the wool shorts <u>cost</u>.
4. The wool shorts are more <u>expensive</u> than the cotton ones.

Scripts for Additional Listening Activities, Ch. 10

Additional Listening Activity 10-1, p. 17

	NURIA	¿Bueno?
SRA. CARVAJAL		¿Nuria? Hola, hija. ¿Cómo estás?
	NURIA	Bien, mamá, bien.
SR. CARVAJAL		¿Qué es ese ruido? ¿Pasa algo?
	NURIA	No creo, papá. Debe ser Carlos. Está lavando los platos de la cena en la cocina.
SR. CARVAJAL		¿Y qué van a hacer ahora?
	NURIA	Pablo está preparando un postre especial: batidos de chocolate con crema de maní y piña.
SR. CARVAJAL		¿Y dónde está Isabel?
	NURIA	¿Isabel? Este...
SRA. CARVAJAL		Nuria, ¿estás pasando la aspiradora?
	NURIA	Bueno, yo no, pero Isabel sí, en la sala.
SRA. CARVAJAL		Y tú, ¿qué estás haciendo?
	NURIA	Bueno, en este momento... ¡ay! ...estoy bañando a Miqui en el cuarto de baño. Está muy sucio porque salió y fue al lago en la tarde.
SR. CARVAJAL		Bueno, veo que todo está en orden allí.
	NURIA	Sí, papá, todo está perfecto. No hay ningún problema.
SRA. CARVAJAL		Bueno, hija, dales un abrazo muy fuerte a todos. Nos vemos mañana por la tarde.
	NURIA	Muy bien, mamá. Que se diviertan mucho. Hasta mañana.

Additional Listening Activity 10-2, p. 17

1. ERÉNDIRA Para esta fiesta, ¿qué te parece si compramos globos rojos, azules y blancos?
   MARISOL Buena idea. Son los colores perfectos para la ocasión.
2. ERÉNDIRA Para esta ocasión, estoy pensando en colgar una bandera decorativa que dice: "Todos somos hijos de alguien. Gracias por el regalo de la vida". ¿Crees que le va a gustar a mamá?
   MARISOL Me parece bien. Ya ves que mamá es bastante sentimental.
3. ERÉNDIRA Mira, en las invitaciones para esta fiesta dice: "Muchas gracias por..." y cada invitado debe completar la frase con algo bueno de la vida. Por ejemplo, "Muchas gracias por nuestra casa, por la música..."
   MARISOL ¿Crees que los invitados van a comprender la idea? Tal vez debes dibujar a una persona que está preparando una comida grande con todos los platos americanos—pavo, maíz, tomates, calabaza...
4. ERÉNDIRA Para este día que te parece si todos los invitados reciben un regalo especial—¡un huevo pintado!
   MARISOL Perfecto.

Additional Listening Activity 10-3, p. 18

1. MARÍA Oye, Diego... ¿me ayudas a decorar la sala?
2. ANTONIO Diego, dime... ¿Dónde crees que debemos poner el estéreo?
3. ANITA Diego, ¿qué tal si ponemos la mesa con la comida en el patio?
4. CARLOS Diego, hombre, ¿me traes todos los regalos que recibimos de los invitados y los pones en el comedor?
5. MARÍA Diego, ven acá un momento... ¿Te parece que tenemos suficientes discos compactos?
6. ANTONIO Diego, escucha. La sala es muy pequeña y necesitamos más lugar para bailar. ¿Qué hacemos?
7. ANITA Diego, ¿crees que debemos poner las bebidas en el patio o en la cocina?

Additional Listening Activity 10-4, p. 18

1. SRA. AGUILAR Susana, pon la mesa, por favor.
   SUSANA ¡Tan temprano, mamá! Son las cuatro y media.
   SRA. AGUILAR Ya sé, pero tus tíos van a llegar a las cinco y quiero tener todo listo.
   SUSANA De acuerdo.

2.	SR. AGUILAR	Alberto, ¿me haces un favor?
	ALBERTO	Sí, papá. ¿Qué necesitas?
	SR. AGUILAR	El garaje está sucio. Por favor, saca todas las cosas viejas de allí y ponlas en la basura.
	ALBERTO	¿Ahora mismo? ¿Yo solo?
	SR. AGUILAR	No te preocupes. Tu hermana te va a ayudar. ¡Susana...!
3.	SRA. AGUILAR	Susana, ¿adónde vas?
	SUSANA	A la biblioteca, para buscar un libro.
	SRA. AGUILAR	¿Me haces un favor?
	SUSANA	Sí, claro.
	SRA. AGUILAR	Pasa por el supermercado y cómprame un litro de leche y una docena de huevos. Toma... aquí tienes el dinero.
	SUSANA	Muy bien. Hasta luego.
4.	SUSANA	Papá, ¿puedo ir a casa de Lourdes?
	SR. AGUILAR	¿Ya hiciste tu tarea?
	SUSANA	No... voy a hacerla en casa de Lourdes. A nosotras nos gusta estudiar juntas.
	SR. AGUILAR	Me parece que les gusta hablar y escuchar música más que otra cosa. Anda... haz tu tarea en casa y después vete a casa de Lourdes.

Additional Listening Activity 10-5, p. 19

GONZALO	Marta...¡Marta! Ven acá, por favor.
MARTA	¿Qué te pasa?
GONZALO	No encuentro mi cartera. Creo que la perdí hoy.
MARTA	Bueno, hombre... no te preocupes. Cuéntame... ¿qué hiciste hoy?
GONZALO	Bueno, desayuné en casa.
MARTA	¿Y después?
GONZALO	Después tomé un autobús a la biblioteca. Estudié allí por dos horas. A ver... a la una, almorcé en un café. Después, escuché unos discos compactos en la nueva tienda de música. Compré uno, de Juan Luis Guerra.
MARTA	Bueno, ¿crees que perdiste tu cartera en la tienda de música?
GONZALO	No, porque después compré una revista en una librería y luego regresé a casa.
MARTA	¿Y cómo regresaste?
GONZALO	Pues, me encontré con mi amigo Ricardo y vine a casa en su carro.
MARTA	Entonces, es lógico. Ya sé dónde está tu cartera. La olvidaste en el carro de Ricardo.

Additional Listening Activity 10-6, p. 19

MADRE	Nicolás, ¿cómo van los preparativos? ¿Está todo listo?
NICOLÁS	Bueno, más o menos, mamá.
MADRE	¿Y qué quiere decir "más o menos"? Vamos a ver... ¿Ya limpiaste toda la casa, ¿verdad?
NICOLÁS	Pasé la aspiradora en la sala y limpié el cuarto de baño, pero todavía tengo que sacar la basura.
MADRE	Bien, yo saco la basura. ¿Y la comida? ¿Está lista?
NICOLÁS	Sí, casi toda. Decoré el pastel; creo que salió muy bonito. Anoche, Teresa y yo hicimos las galletas.
MADRE	¿Y los sándwiches? ¿Ya los preparaste?
NICOLÁS	No, todavía no. ¿Me quieres ayudar a hacerlos?
MADRE	Sí, cómo no. ¿Todavía necesitas poner las decoraciones?
NICOLÁS	Pues, ya decoré el patio. Ahora mismo Teresa está inflando los globos y después voy a ponerlos en la sala.

Answers to Additional Listening Activities, Ch. 10

Additional Listening Activity 10-1, p. 17

Nombre	¿Dónde está	¿Qué está haciendo?
Carlos	la cocina	está lavando los platos
Pablo	la cocina	está **preparando** un postre
Isabel	la sala	está **pasando la aspiradora**
Nuria	el cuarto de baño	está **bañando** a Miqui

Additional Listening Activity 10-2, p. 17

1. el Día de la Independencia
2. el Día de la Madre
3. el Día de Acción de Gracias
4. las Pascuas

Additional Listening Activity 10-3, p. 18

1. a   2. a   3. b   4. b   5. b   6. a   7. b

Additional Listening Activity 10-4, p. 18

a. 3   b. 4   c. 1   d. 2

Additional Listening Activity 10-5, p. 19

1. e   2. d   3. c   4. a   5. b
His wallet is <u>in his friend's car</u>.

Additional Listening Activity 10-6, p. 19

Ya		Todavía no
X	pasar la aspiradora	
X	limpiar el cuarto de baño	
	sacar la basura	X
X	decorar el pastel	
X	hacer las galletas	
	preparar los sándwiches	X
X	decorar el patio	
	poner los globos en la sala	X

Scripts for Additional Listening Activities, Ch. 11

Additional Listening Activity 11-1, p. 21

1.	MARIO	Sara, muy buen partido. Juegas mucho mejor que yo. Oye, ¿por qué no vamos a tomar algo? Tengo mucha sed.
	SARA	Buena idea. ¿Quieres ir al café al lado o vamos a otra parte?
2.	GIANNA	Victoria, ¿sabes que este verano dan muchas clases en el club deportivo? ¿Qué tal si tomamos una clase de yoga juntas?
	VICTORIA	Gracias, chica... pero el yoga no me interesa mucho. Prefiero aprender un deporte más... no sé... más activo.
3.	GERALDO	Mañana voy con unos primos a la playa. ¿Por qué no vas con nosotros?
	HILDA	Gracias. Me gustaría, pero no me siento bien. Creo que estoy un poco resfriada. Tal vez otro día, ¿no?
4.	SONIA	Fernando, no se sienten bien mamá y papá. Creo que debemos preparar la cena esta noche.
	FERNANDO	Bueno, pero... ¿qué podemos preparar?
	SONIA	¿Qué tal si hacemos unos espaguetis y una ensalada?
	FERNANDO	Sí, eso es fácil de hacer.

Additional Listening Activity 11-2, p. 21

CHELA	Gerardo, ¿qué onda? ¿Cómo estás?
GERARDO	La verdad, no me siento muy bien.
CHELA	¿Por qué? ¿Estás enfermo?
GERARDO	No, es que nunca hago ejercicio, como muchos dulces y paso todas las tardes mirando la tele.
CHELA	Y ¿qué tal si hacemos ejercicio juntos? Yo también quiero llevar una vida sana.
GERARDO	¿Qué tal si jugamos al tenis después de clases?
CHELA	¿Tenis? ¡Pero no sé jugar al tenis!
GERARDO	Oye, ¿sabes patinar?
CHELA	Sí, claro. ¡Me encanta patinar sobre ruedas!
GERARDO	Magnífico. Mañana empezamos después de clases.

Additional Listening Activity 11-3, p. 22

1.	ALEJANDRO	Rosa, ¿vas con nosotros a jugar al fútbol después de clases?
	ROSA	No, no creo.
	ALEJANDRO	¿Por qué? Siempre jugamos los martes después de clases.
	ROSA	No me siento bien. Tengo fiebre y me duele todo el cuerpo.
2.	SERGIO	¿Bueno?
	MAURICIO	Hola, Sergio. Soy yo. Oye, ¿qué tal si vamos al cine esta noche?
	SERGIO	Mmm... no creo.
	MAURICIO	Hombre, ¿qué tienes? ¿Estás mal?
	SERGIO	No, no es eso... es que mañana tengo un examen en la clase de historia, sobre la Revolución. Va a ser muy difícil.
	MAURICIO	Bueno, pues, te dejo estudiar. Tranquilo, ¿eh?
3.	ISABEL	Leonor, ¿por qué no vamos de compras esta tarde? Hay rebajas en el centro.
	LEONOR	No, esta tarde no puedo, gracias.
	ISABEL	¿Qué te pasa?
	LEONOR	Es que mi abuela está muy enferma. Está en el hospital y posiblemente van a tener que operarla.
	ISABEL	Ay, chica... lo siento mucho.
4.	SRA. ACOSTA	¿Yolanda? Yolanda, levántate ya... ya son las siete y media.
	YOLANDA	Ug... mamá...
	SRA. ACOSTA	¿Qué te pasa, hija? ¿Por qué sigues acostada?
	YOLANDA	Me siento fatal.
	SRA. ACOSTA	Tienes tos, ¿verdad? Pobrecita. Entonces descansa.

Additional Listening Activity 11-4, p. 22

1. RAQUEL Clínica Central. Dígame.
   SRA. DÁVILA Buenos días. Soy una paciente de la doctora Ramos y necesito verla hoy, por favor.
   RAQUEL ¿Cómo se llama usted, señora?
   SRA. DÁVILA Mi nombre es Teresa Dávila de Fuentes.
   RAQUEL ¿Y qué le pasa, señora?
   SRA. DÁVILA Me duele mucho la garganta.
   RAQUEL Bueno, la doctora Ramos tiene hora libre a las tres cuarenta y cinco.

2. RAQUEL Clínica Central.
   SR. OSORIO Hola, buenos días. Quería una cita con la doctora, hoy si fuera posible.
   RAQUEL ¿Cómo se llama?
   SR. OSORIO Agustín Osorio.
   RAQUEL ¿Y cuáles son sus síntomas, Sr. Osorio?
   SR. OSORIO Pues, me duele muchísimo la espalda. No puedo ni trabajar ni hacer ejercicio porque me duele tanto. ¿Puedo venir a ver a la doctora hoy?
   RAQUEL Sí, tiene hora libre a la una y quince esta tarde.

3. SR. LÓPEZ Muy buenos días. Me llamo Geraldo López y necesito ver a la doctora urgentemente.
   RAQUEL ¿Y cuáles son sus síntomas, Sr. López?
   SR. LÓPEZ Tengo un dolor de cabeza horrible. No puedo ver, trabajar, leer... nada.
   RAQUEL Pues, puede ver a la doctora hoy a las cuatro y media de la tarde.

4. RAQUEL Clínica Central. Dígame.
   SRTA. MENDOZA Hola, buenos días. ¿Puedo ver a la doctora hoy? No me siento nada bien. Tengo fiebre y me duele el cuerpo entero. Me siento muy débil... apenas puedo caminar. Creo que debo tener gripe.
   RAQUEL ¿Cómo se llama usted?
   SRTA. MENDOZA Alicia Mendoza.
   RAQUEL Muy bien, Srta. Mendoza. Ud. puede venir a las doce y media hoy.

Additional Listening Activity 11-5, p. 23

Gracias por llamar al programa municipal deportivo de verano. Todos los cursos de verano empiezan a partir del primero de junio. Se van a dar clases de yoga para principiantes e intermedios. Las clases se reúnen en el club deportivo. Hay sesiones el martes y el viernes a las 11:00 de la mañana. Se está formando un grupo de personas para correr juntos. El grupo se reúne para entrenar los lunes y los miércoles a las siete de la mañana. Las sesiones de entrenamiento tienen lugar en la pista municipal.
¿Eres tenista? Este verano se dan cursos de tenis para principiantes, intermedios y avanzados. Las clases se reúnen en las canchas municipales a las diez de la mañana y a las dos de la tarde. Hay clases los viernes y los sábados. Hay clases de fútbol para niños y adolescentes de ocho a dieciocho años. Las clases se dan a las cuatro y treinta de la tarde en el estadio municipal. Hay sesiones los jueves y los domingos.

Additional Listening Activity 11-6, p. 23

1. JOSÉ Martín, ¿dónde estuviste ayer? Te llamé como tres veces.
   MARTÍN Perdona, hombre. Fui con unos primos al estadio para ver el partido.
   JOSÉ ¿Y qué tal?
   MARTÍN Muy bien. Ganó Peñarol. Y después, para celebrar, fuimos a un restaurante.

2. SR. VARGAS Laura, ¿por qué regresaste tan tarde para comer?
   LAURA Lo siento, papá. Es que Marcela y yo fuimos a las canchas municipales a las diez para jugar al tenis un rato. Tuvimos que esperar media hora.
   SR. VARGAS ¿Y qué tal?
   LAURA Bien. Gané yo, pero apenas. ¡Me duelen los brazos!
   SR. VARGAS Ya lo creo. Oye, ¿compraste pan para comer?
   LAURA Sí. Pasé por la panadería. Aquí está.

3. CRISTIÁN Hola, ya llegué.
   ANABEL Hola, Cristián. ¿Ya hiciste el entrenamiento para hoy?
   CRISTIÁN Sí. Corrí diez millas.
   ANABEL Qué bueno, Sr. Maratón. ¿Adónde fuiste, al estadio o a la pista de correr?
   CRISTIÁN A la pista. Y después de correr, fui al gimnasio para levantar pesas.

Answers to Additional Listening Activities, Ch. 11

Additional Listening Activity 11-1, p. 21

1. sí
2. no
3. no
4. sí

Additional Listening Activity 11-2, p. 21

They decide to start <u>roller skating every afternoon after school.</u>

Additional Listening Activity 11-3, p. 22

A. 3
B. 2
C. 1
D. 4

Additional Listening Activity 11-4, p. 22

Nombre	Síntomas	Hora de la cita
Teresa Dávila de Fuentes	le duele la garganta	3:45 P.M.
Agustín Osorio	le duele la espalda	1:15 P.M.
Geraldo López	le duele la cabeza	4:30 P.M.
Alicia Mendoza	tiene fiebre, le duele todo el cuerpo	12:30 P.M.

Additional Listening Activity 11-5, p. 23

1. el club deportivo
2. la pista municipal
3. las canchas municipales
4. el estadio municipal

Additional Listening Activity 11-6, p. 23

Martín—estadio, restaurante; Laura—las canchas municipales, la panadería; Cristián—la pista de correr, el gimnasio

Scripts for Additional Listening Activities, Ch. 12

Additional Listening Activity 12-1, p. 25

CECILIA ¡Durante estas vacaciones voy a estar muy ocupada! Pienso hacer muchas cosas, ganar dinero y pasarlo bien. Primero, voy a trabajar como camarera en un restaurante italiano cuatro días a la semana. Los lunes, los miércoles, los jueves y los viernes. Después, tengo ganas de aprender a nadar. Pienso tomar clases de natación en el club deportivo. La clase es tres veces a la semana, los martes, los jueves y los viernes en la mañana. También voy a jugar en la Liga de Fútbol de nuestra escuela. Mi equipo hace ejercicio dos veces a la semana, los miércoles y los sábados en la tarde. Y jugamos todos los domingos por la tarde.

Additional Listening Activity 12-2, p. 25

ERNESTO Hola, me llamo Ernesto. Este verano voy a practicar un deporte atrevido. Quiero saltar en paracaídas. Tengo todo listo, sólo tengo que hacer la maleta.

TERESA Hola, soy Teresa. Estas vacaciones mi hermano y yo vamos a Ponce a tomar el sol. Nos encanta la playa. Hoy vamos a comprar el bloqueador y los lentes de sol.

ESTEBAN Hola. Mi nombre es Esteban. Este año, voy con mi hermano a los Andes en Chile. Nos encanta la nieve y queremos pasar unos días en las montañas. Vamos a tomar muchas fotos con la cámara nueva.

VICTORIA Hola, soy Victoria. Este año voy con un amigo a bajar el río en canoa. Nos encanta el peligro. Sólo tenemos que comprar los boletos para viajar.

Additional Listening Activity 12-3, p. 26

LUIS ¡Por fin llegaron las vacaciones! Jaime, ¿adónde van a ir ustedes?
JAIME Mis padres tienen una casa en el bosque y toda la familia va a ir allá. ¡Lo vamos a pasar bien!
LUIS ¿Y tu prima Alicia? ¿También ella va a ir con ustedes?
JAIME Sí, claro. Va a ir con un amigo de ella. A los dos les gusta explorar el bosque juntos.
LUIS ¿Qué les gusta hacer a tus padres?
JAIME A mis padres les encanta dar caminatas y hablar.
LUIS ¿Y qué les gusta hacer a tus hermanos?
JAIME A mi hermano Armando no le gusta hacer nada. Es un aburrido. A Blanca, en cambio, le encanta escalar montañas. Y a mí, ya sabes, me gusta bajar el río en canoa.

Additional Listening Activity 12-4, p. 26

LAURA Me llamo Laura Treviño. A mí me gustaría ir al campo... ver los pájaros y los demás animales del bosque, mirar las estrellas. Me gustaría tener unas vacaciones tranquilas.

ARTURO Me llamo Arturo Ybarra. Estudio historia del arte y este verano me gustaría ir a conocer los museos de Europa... Madrid, París, Londres, Roma. Me fascina el arte antiguo.

CLARA Me llamo Clara Montero. Estudio biología en la universidad y tengo ganas de ver las plantas y los animales de la selva tropical.

ENRIQUE Me llamo Enrique Saldaña. A mí me encantan los deportes acuáticos, pero este año no tengo ni dinero ni tiempo para ir a la playa. Prefiero ir a un lago o a un río cerca de la ciudad.

Additional Listening Activity 12-5, p. 27

MARTA	Aló.
PIERO	Marta, habla Piero. Acabo de regresar de mis vacaciones y hablo para saludar.
MARTA	¡Piero! ¡Qué gusto escucharte!
PIERO	¿Adónde fuiste en las vacaciones?
MARTA	Yo no fui a ningún lugar. Trabajé durante todo el verano como camarera en un restaurante de comida alemana.
PIERO	¡Todo el verano!
MARTA	Sí... pero ya tengo dinero para comprar mi boleto de avión e ir a visitar a mis abuelos en Puerto Rico durante la Navidad.
PIERO	Me alegro muchísimo. Yo fui a Italia a visitar a mis primos. También fui a la playa... Y tus primos Edwin y Nora, ¿adónde fueron?
MARTA	Edwin se fue a explorar la selva tropical en Brasil. Tenía ganas de conocer América del Sur. Nora fue a Alemania a casa de una amiga. Dice en sus cartas que Alemania tiene unos bosques muy bonitos.

Additional Listening Activity 12-6, p. 27

SARA	¡Guillermo! Ya regresaste de tus vacaciones. ¿Cómo estás?
GUILLERMO	Hola, Sara. Estoy bien, gracias.
SARA	¿Y adónde fuiste?
GUILLERMO	Fui a visitar a mis primos en Guadalajara. Estuve allí casi dos meses, practicando mi español, haciendo turismo y escuchando música de mariachi.
SARA	¡Qué bonito!
GUILLERMO	Y tú, te ves muy bien. ¿Qué hiciste para ponerte en forma?
SARA	Este verano trabajé dando clases de tenis a niños. Así que fui a la cancha de tenis por la mañana, por la tarde y por la noche.
GUILLERMO	¿Y tu amiga Alicia? ¿Adónde fue ella?
SARA	Déjame pensar... Alicia fue con sus padres a Chile para esquiar. Dice que los Andes son increíbles.
GUILLERMO	¿Y qué sabes de Teresa?
SARA	Ella fue primero con sus tíos a Miami. Luego, ellos fueron de viaje en barco de vela por todo el Caribe.
GUILLERMO	¡Maravilloso! ¿Y sabes si Marcos está por aquí?
SARA	Marcos... no sé. Fue con su familia a acampar en el Parque Yellowstone. Viajar en carro desde San Antonio hasta el Parque Yellowstone, con sus dos hermanitos.
GUILLERMO	¡Pobre Marcos!

Answers to Additional Listening Activities, Ch. 12

Additional Listening Activity 12-1, p. 25

AGENDA SEMANAL						
domingo	lunes	martes	miércoles	jueves	viernes	sábado
partidos de fútbol	trabajo	clase de natación	trabajo hacer ejercicio	clase de natación trabajo	clase de natación trabajo	hacer ejercicio

Additional Listening Activity 12-2, p. 25

1. Ernesto: la maleta
2. Teresa: el bloqueador
3. Esteban: la cámara
4. Victoria: los boletos

Additional Listening Activity 12-3, p. 26

1. e   2. c   3. b   4. d   5. a

Additional Listening Activity 12-4, p. 26

Cliente	¿Qué le gustaría hacer?
Laura Treviño	le gustaría ir al campo
Arturo Ybarra	le gustaría visitar museos
Clara Montero	tiene ganas de ver plantas
Enrique Saldaña	prefiere un lago o río cerca

Additional Listening Activity 12-5, p. 27

1. a   2. b   3. b   4. b

Additional Listening Activity 12-6, p. 27

1. Sara
2. Guillermo
3. Marcos
4. Teresa
5. Alicia

Student Response Forms for Pupil's Edition

Bridge Chapter	52–54
Chapter 7	55–57
Chapter 8	58–60
Chapter 9	61–63
Chapter 10	64–66
Chapter 11	67–69
Chapter 12	70–72

Nombre _____ Clase _____ Fecha _____

Student Response Forms, Bridge Chapter

3 ¿Vienen o se van? p. 4

You overhear bits of many conversations throughout the day. Listen to the conversations and decide if people are saying **hello** or **goodbye**.

_____ 1. Martín
_____ 2. la señorita Ríos
_____ 3. Miguel
_____ 4. Ana
_____ 5. Juan Pablo
_____ 6. Marisa

7 El comité de bienvenida p. 6

You're making a photo directory for your summer camp, but you need more information. First look at each photo and figure out what information is missing. Then listen as each student tells you about him or herself. Write the needed information below.

Federico	María Luisa	_____	Alfredo
Quince años	_____	Catorce años	_____
_____	Argentina	Colombia	República Dominicana

Nombre _____ Clase _____ Fecha _____

Student Response Forms, Bridge Chapter

21 ¿Día escolar o tiempo libre? p. 14

Listen to each student's comment. Then decide if they're talking about something they do during **el colegio** or **el tiempo libre**.

1. _____
2. _____
3. _____
4. _____
5. _____
6. _____
7. _____
8. _____

30 El sábado p. 18

It's Saturday morning. Listen as Mrs. Caldera asks her family where they're going. Then, write where each person is going using the names of places in **¿Te acuerdas?**

¿Te acuerdas?

Do you remember the names for places?

la piscina *pool*	el correo *post office*
el parque *park*	el supermercado *supermarket*
la tienda *store*	
el cine *movie theater*	la casa *house*
la biblioteca *library*	el gimnasio *gym*

_____ 1. el señor Caldera   _____ 3. Érica

_____ 2. Juana y Pepe   _____ 4. la señora Caldera

¡Ven conmigo! En camino Level 1B, Student Response Forms

Nombre _____ Clase _____ Fecha _____

Student Response Forms, Bridge Chapter

41 ¿Con qué frecuencia? p. 26

Listen as Susana, Adriana and Esteban try to figure out what to do this evening. Then read each sentence and respond with **cierto** or **falso**.

_____ 1. Adriana va a ver películas de terror a veces.

_____ 2. Muchas veces hay conciertos en el parque.

_____ 3. Esteban escucha el jazz a veces.

_____ 4. Los padres de Susana nunca escuchan el jazz.

Repaso Activity 1, p. 34

Listen as four students tell about the activity each is planning to do today. Match each student's statement with the drawing that represents the weather in each case.

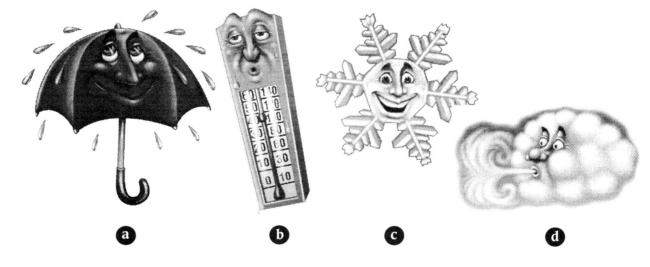

1. _____
2. _____
3. _____
4. _____

Nombre _____ Clase _____ Fecha _____

Student Response Forms, Chapter 7

5 Por teléfono   p. 49

Listen to the four telephone calls. Decide if the caller is greeting someone, saying goodbye, or unable to reach the person. There may be more than one correct answer.

	Greeting	Goodbye	Unable to reach
1.			
2.			
3.			
4.			

8 En el Tiempo libre   p. 51

First read each sentence. Then listen to the questions. If the sentence is a logical response to the question, check **lógico.** If it's not an appropriate response, check **ilógico.**

	lógico	ilógico
1. Sí, me gustaría ir a comer.		
2. No, me gustan los deportes.		
3. ¡Claro que sí!		
4. ¡Cómo no! La clase es muy difícil.		
5. Prefiero las películas de aventura.		
6. No, no me gustan las películas.		

¡Ven conmigo! En camino Level 1B, Student Response Forms

Nombre _____ Clase _____ Fecha _____

Student Response Forms, Chapter 7

15 Las vacaciones   p. 54

Mónica and Carlos are on vacation. Their family has asked them to make plans for the whole family for tomorrow. Listen to their conversation and answer these three questions.

1. Where do they decide the family should go? _____

2. Why do they decide to go there? _____

3. When are they going? _____

26 ¿Todos listos?   p. 63

Listen to some members of the Garza family as they talk about getting ready at different times of the day. Based on what you hear, write the letter of the item each person would need in order to get ready.

1. _____   2. _____   3. _____   4. _____   5. _____

56 Listening Activities   ¡Ven conmigo! En camino Level 1B, Student Response Forms

Student Response Forms, Chapter 7

32 ¿Te gustaría…? p. 67

Listen as Margarita invites several friends to go with her to do some things. Match the name with that person's explanation for not being able to go.

_____ 1. Miguel   a. Tiene cita.

_____ 2. Gabriela   b. Necesita descansar.

_____ 3. Roberto   c. Necesita estudiar.

_____ 4. Mariana   d. Ya tiene planes.

Repaso Activity 1, p. 76

Listen to the conversations. Choose the sentence that best describes the response to each invitation.

_____ 1. a. No puede ir porque tiene que practicar el piano.
         b. No puede ir porque está enferma.

_____ 2. a. No puede ir al campo porque tiene otros planes.
         b. No puede ir al museo porque tiene otros planes.

_____ 3. a. Quiere ir a caminar más tarde.
         b. No quiere ir porque está cansado.

_____ 4. a. Tiene ganas de ir al partido de fútbol.
         b. No puede ir porque tiene una cita.

Nombre _____ Clase _____ Fecha _____

Student Response Forms, Chapter 8

8 El desayuno   p. 88

Listen to Marcela and Roberto as they talk about the foods they like for breakfast. Which foods does Marcela like and which does Roberto like?

	Marcela	Roberto
a. las frutas		
b. la leche		
c. los plátanos		
d. los huevos revueltos con tocino		
e. el café		
f. el pan dulce		
g. el jugo de naranja		

16 ¿Cómo es la comida de aquí?   p. 92

Listen as Adela, an Ecuadorean student, asks Pablo about the typical meals in the United States. Write **cierto** or **falso** for each sentence, according to what Pablo says.

_____ 1. Por lo general, Pablo desayuna a las siete de la mañana.

_____ 2. Para el desayuno, Pablo sólo come pan tostado.

_____ 3. Durante la semana, Pablo almuerza a las dos de la tarde.

_____ 4. A veces toma leche en el almuerzo.

22 Comentarios   p. 97

Listen as customers comment on the food at **El Rincón**, a restaurant. Then, match each food with the customer's opinion.

1. el pescado   está muy picante
2. la sopa   está muy rico/a
3. la ensalada   está delicioso/a
4. el pollo   está frío/a
5. la sopa   no está bueno/a
6. la ensalada de frutas   está muy salado/a

Nombre _____ Clase _____ Fecha _____

Student Response Forms, Chapter 8

28 Cuatro amigos   p. 100

Cuatro amigos están en un café popular. Escucha mientras hablan de lo que van a comer. Luego, lee cada oración y escoge **cierto** o **falso**. Corrige las oraciones falsas.

1. Isabel no tiene hambre. (cierto / falso)

   _____

2. Estela no quiere almorzar. (cierto / falso)

   _____

3. Para el desayuno, hay huevos y tocino. (cierto / falso)

   _____

4. Diego va a comer una hamburguesa y una ensalada. (cierto / falso)

   _____

5. Rafael tiene sed y quiere un vaso de leche. (cierto / falso)

   _____

36 Me trae...   p. 107

Imagine that you're eating with your family at Restaurante El Molino, a busy restaurant in Quito. Listen to these orders that you overhear from other tables and decide if each order is a **desayuno, almuerzo, cena,** or **postre**.

	desayuno	almuerzo	cena	postre
1.				
2.				
3.				
4.				
5.				
6.				

¡Ven conmigo! En camino Level 1B, Student Response Forms

Nombre _____ Clase _____ Fecha _____

 Student Response Forms, Chapter 8

41 ¿Cuánto es? p. 110

Look at the menu and listen to the following prices. Match the price mentioned with the correct item on the menu.

1. _____
2. _____
3. _____
4. _____
5. _____
6. _____

Repaso Activity 1, p. 116

Listen as Ángel talks about some foods he likes and doesn't like. Write the foods Ángel mentions in the correct columns.

le gusta	no le gusta
_____	_____
_____	_____
_____	_____

60 Listening Activities   ¡Ven conmigo! En camino Level 1B, Student Response Forms

Nombre _____ Clase _____ Fecha _____

Student Response Forms, Chapter 9

6 Los regalos p. 131

Listen and take notes as Rodolfo tells you what his family members like. Then match what they like to their photos.

 _____ 1. Mi padre
 _____ 2. Mi madre
 **a**
 **b**

 _____ 3. Santiago
 _____ 4. Eva
 **c** **d**

 _____ 5. Mi abuelo
 _____ 6. Silvia
 **e**
 **f**

13 Las tiendas p. 135

Where is Elisa going to shop? Listen as Elisa talks about what she's going to buy. Match each item with the correct store.

_____ 1. pastel a. Zapatería Monterrey

_____ 2. aretes b. Panadería La Molina

_____ 3. juego de mesa c. Joyería Central

_____ 4. sandalias d. Pastelería Río Grande

_____ 5. camisa e. Juguetería de San Antonio

_____ 6. plantas f. Florería Martínez

_____ 7. pan dulce g. Almacén Vargas

Nombre _____ Clase _____ Fecha _____

Student Response Forms, Chapter 9

20 ¿Qué necesitas llevar? p. 140

Listen as various people talk about the clothing they need for certain occasions. Write an activity from the word box next to each person's name. And remember, some outfits may be appropriate for more than one kind of event.

_____ 1. Carlos
_____ 2. Elenita
_____ 3. Sergio
_____ 4. Teresa
_____ 5. Luis

> un baile   clases
> ir a la piscina   jugar al tenis
> trabajar en la oficina

28 ¿Cómo son? p. 145

Look at the pairs of drawings. Listen and match what you hear with the item being described.

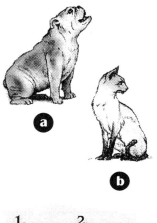

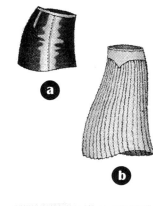

1. ____ 2. ____   3. ____ 4. ____   5. ____ 6. ____

Nombre _____ Clase _____ Fecha _____

Student Response Forms, Chapter 9

37 ¡Qué caro!   p. 151

Listen to the conversations between a clerk and some customers. Based on what you hear, match each item and the price.

_____ 1. blusa   **a.** $17.00

_____ 2. camisa   **b.** $760.00

_____ 3. bluejeans   **c.** $58.00

_____ 4. vestido   **d.** $189.00

_____ 5. zapatos   **e.** $8.55

Repaso Activity 1, p. 158

Listen as Sara and Ana talk about what Sara needs for the costume party (**fiesta de disfraces**). Circle the things she mentions. Not all items will be used.

Nombre _____ Clase _____ Fecha _____

Student Response Forms, Chapter 10

6 ¡De fiesta! p. 170

You'll hear four conversations, each about a different holiday. Match each conversation with the most appropriate greeting card.

_____ 1. Rolando
_____ 2. Marta
_____ 3. Daniela
_____ 4. Bernardo

a

b

c

d

9 Un día especial p. 172

What are these people doing right now? Listen to Guadalupe talking about the party her family will have. Match the name or names with the correct photo.

_____ 1. Julia   _____ 3. Sarita   _____ 5. Roberto
_____ 2. Rosita   _____ 4. Teresa y Mauricio _____ 6. Guadalupe

a

b

c

d

e

f

Student Response Forms, Chapter 10

20 ¿Me haces el favor...? p. 180

Listen as various people help each other get ready for the upcoming party. For each request the speaker makes, answer **lógico** or **ilógico** to say if the response below makes sense or not.

_____ 1. Sí. ¿Dónde pongo los globos?

_____ 2. Oye, ¿dónde están los regalos?

_____ 3. Todos te ayudamos, Adela.

_____ 4. En este momento no puedo ayudar con las decoraciones.

_____ 5. Creo que todos van a traer música.

_____ 6. Lo siento, pero no tengo tiempo para inflar los globos.

_____ 7. Claro que sí. ¿Necesitas algo más?

25 Preparativos p. 182

Listen as several people call the Villareal house to ask how they can help prepare for Hector's graduation party. Match each person with the correct task.

_____ 1. Nicolás   a. traer unos discos compactos

_____ 2. Soledad   b. ir al supermercado

_____ 3. Gustavo   c. preparar la ensalada

_____ 4. Verónica   d. comprar los globos

_____ 5. Gloria   e. sacar las fotos

_____ 6. Cristóbal   f. traer unos refrescos

Nombre _____ Clase _____ Fecha _____

Student Response Forms, Chapter 10

32 La fiesta de Abby   p. 188

Abby's party was great! Listen as she tells her grandmother about what some of her friends did last night. Match the names to the correct drawing.

_____ 1. Raquel y Gloria   _____ 5. Patricia

_____ 2. Kerry y Shoji   _____ 6. Gracie y Kim

_____ 3. Bárbara y Miguel   _____ 7. Andrés y Valerie

_____ 4. Pablo   _____ 8. Francisco

a

b

c

d

e

f

g

h

Repaso Activity 1, p. 198

Listen to Mariana tell about her favorite holiday, then answer the questions.

1. ¿Adónde viajaron Mariana y su familia? _____

2. ¿Por qué viajaron allí? _____

3. ¿En qué mes viajaron? _____

4. ¿Qué preparó la abuela? _____

5. Después de la cena, ¿qué hicieron todos? _____

6. ¿Por qué es la Navidad su fiesta favorita? _____

Nombre _____ Clase _____ Fecha _____

Student Response Forms, Chapter 11

5 Régimen de salud p. 213

Look at the drawings of the following people to see what they're doing. Listen while they talk about their daily lives and then choose the correct name, according to what they say.

Adriana

Raúl

Daniel

Fernando

Soledad

Natalia

1. _____
2. _____
3. _____
4. _____
5. _____
6. _____

Nombre _____ Clase _____ Fecha _____

Student Response Forms, Chapter 11

17 ¿Cómo te sientes hoy? p. 222

Listen to these people talk about how they feel today. Using the following drawings, write the correct number or numbers that go with each description.

estar resfriado/a

estar nervioso/a

estar enojado/a

estar triste

estar preocupado/a

tener fiebre

tener tos

tener gripe

1. _____ 4. _____ 7. _____

2. _____ 5. _____

3. _____ 6. _____

21 Las quejas p. 224

Listen as several people tell you about a complaint. Find the item on the list that tells you about that person's physical condition.

_____ 1. Rubén   a. Le duelen los pies.

_____ 2. Berta   b. Le duele el estómago.

_____ 3. Blanca   c. Le duelen las manos.

_____ 4. David   d. Le duele la garganta.

_____ 5. Elena   e. Le duelen los ojos.

Student Response Forms, Chapter 11

36 ¿Adónde fuiste? p. 233

Listen while various people say what they did last week. They will mention a place and say what they did there. If it's something that is normally done in that place, write **lógico.** If not, write **ilógico.**

1. _____
2. _____
3. _____
4. _____
5. _____
6. _____
7. _____
8. _____

Repaso Activity 1, p. 240

Listen as Miriam and Antonio talk on the telephone. Answer the questions in Spanish.

1. ¿Cómo se siente Miriam? _____
2. ¿Qué hizo ayer? _____
3. ¿Cómo se siente Antonio? _____
4. ¿Qué hizo ayer? _____

Nombre _____ Clase _____ Fecha _____

Student Response Forms, Chapter 12

11 De vacaciones p. 254

Look at the drawings and listen to the conversations. Decide which conversation matches each drawing

a   b   c

1. _____   2. _____   3. _____

Student Response Forms, Chapter 12

25 Me gustaría p. 263

Sara, David and Martín are saying how they want to spend their vacation. As you listen to what they say, write down where each one would like to go, and what he or she wants to do there.

Sara

Le gustaría ir a: _____

Quiere: _____

David

Le gustaría ir a: _____

Quiere: _____

Martín

Le gustaría ir a: _____

Quiere: _____

33 ¡Qué divertido! p. 269

Carlos and Yolanda have just returned from their trip to Puerto Rico. Listen to them describe their trip, and then number the drawings in the correct order.

a _____   b _____   c _____   d _____

¡Ven conmigo! En camino Level 1B, Student Response Forms   Listening Activities

Nombre _____ Clase _____ Fecha _____

Student Response Forms, Chapter 12

Repaso Activity 1, p. 278

Las siguientes personas describen sus planes para las vacaciones. Para cada descripción que oyes, indica el dibujo que le corresponde.

a

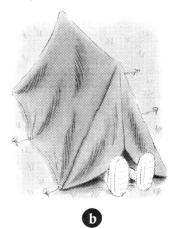

b

c

d

e

f

1. _____
2. _____
3. _____
4. _____
5. _____
6. _____

Pupil's Edition Scripts and Answers

Bridge Chapter	74–75
Chapter 7	76–77
Chapter 8	78–79
Chapter 9	80–81
Chapter 10	82–83
Chapter 11	84–85
Chapter 12	86–87

Scripts and Answers for Textbook Listening Activities, Bridge Chapter

3 ¿Vienen o se van? p. 4

1. —Bueno, Martín, tengo que irme. Adiós.
   —Hasta luego, David.
2. —Hola, Samuel.
   —Ah, buenas tardes, señorita Ríos.
3. —Buenos días, Lupe. ¿Cómo estás?
   —Regular. ¿Y tú, Miguel? ¿Qué tal?
   —Yo, estupendo.
4. —Uf, ya son las once. Tengo clase. Chao.
   —¡Date prisa, Ana! Hasta luego.
5. —Bueno, tengo que irme. Buenas noches, señor Irigoyen.
   —Hasta mañana, Juan Pablo.
6. —Buenas noches, doña Carolina.
   —Buenas noches, Marisa. ¿Cómo estás?
   —Muy bien, gracias. ¿Y usted?
   —Bastante bien, gracias.

Answers to Activity 3
1. goodbye
2. hello
3. hello
4. goodbye
5. goodbye
6. hello

7 El comité de bienvenida p. 6

1. ¿Qué tal? Me llamo Federico López Garza. Tengo quince años y soy de San Luis Potosí, México.
2. Hola. Soy María Luisa Fuentes Hernández. Tengo doce años y soy de Buenos Aires, Argentina.
3. Buenos días. Soy Marta García Betancourt y soy de Bogotá, Colombia. Tengo catorce años.
4. Me llamo Alfredo Montañer y soy de la República Dominicana. Tengo trece años.

Answers to Activity 7
a. México
b. doce años
c. Marta
d. trece años

21 ¿Día escolar o tiempo libre? p. 14

1. Tengo que organizar mi cuarto primero y luego quiero jugar al tenis.
2. Me gusta mucho dibujar y pintar. Tengo arte los martes y los jueves por la mañana.
3. Jorge, ¿qué quieres hacer mañana? ¿Quieres ir al partido de voleibol o ir al cine?
4. Mi amiga practica el piano y después lee una revista.
5. ¡Estoy atrasado! Tengo computación a las nueve y cuarto y ya son las nueve y veinte.
6. ¡Uf, ya son las ocho! ¡Date prisa! El señor Vicario es un profesor muy estricto.
7. Tengo el almuerzo después de historia.
8. ¿A qué hora es tu programa de televisión favorito?

Answers to Activity 21
1. el tiempo libre
2. el colegio
3. el tiempo libre
4. el tiempo libre
5. el colegio
6. el colegio
7. el colegio
8. el tiempo libre

Scripts and Answers for
Textbook Listening Activities, Bridge Chapter

30 El sábado p. 18

SRA. CALDERA	Querido, ¿adónde vas hoy?
SR. CALDERA	Voy al gimansio esta mañana. Mi clase de ejercicios aeróbicos es a las once y media. Antes de la clase voy a nadar.
SRA. CALDERA	Pepe, tú y tu hermana van a salir juntos, ¿no?
PEPE	Juana y yo vamos al parque a las diez. Vamos a jugar al voleibol con unos amigos.
SRA. CALDERA	¿Y, adónde va Érica?
PEPE	Ella va a la biblioteca para estudiar geografía. Tiene un examen el lunes.
SRA. CALDERA	Pues, yo voy a descansar aquí en casa y luego voy a preparar una buena cena para todos.

Answers to Activity 30
1. Sr. Caldera—el gimnasio
2. Juana y Pepe—el parque
3. Érica—la biblioteca
4. Sra. Caldera—la casa

41 ¿Con qué frecuencia? p. 26

SUSANA	Oye, ¿quieren ir al cine esta tarde?
ADRIANA	Sí, vamos a ver en el periódico qué películas hay.
ESTEBAN	Mira esta película nueva. Es de terror.
ADRIANA	Nunca voy a las películas de terror. A veces me gusta ir a ver películas cómicas o de romance.
ESTEBAN	Tengo una idea. Muchas veces hay conciertos en el parque. Sí, mira, hay un concierto de jazz esta noche.
ADRIANA	A nadie le gusta el jazz.
ESTEBAN	No, Adriana, no es cierto. Yo escucho el jazz a veces y me gusta bastante.
SUSANA	Mis padres escuchan el jazz muchas veces por la noche. A mí me gusta un poco.
ESTEBAN	Pues, ¿qué hacemos?
ADRIANA	Vamos a mirar la televisión. ¿Quieren?

Answers to Activity 41
1. falso
2. cierto
3. cierto
4. falso

Repaso Activity 1, p. 34

1. Hoy mi mamá, mi hermano, mi amigo Juan y yo vamos a esquiar. La montaña donde esquiamos está lejos de casa. Salimos de casa a las seis de la mañana. Por supuesto, todos necesitamos mucha ropa.
2. Hoy no quiero salir de la casa para nada. Está lloviendo demasiado. Quiero leer mi revista nueva primero y después voy a hablar con mis amigos por teléfono.
3. Voy a ir a la playa con la familia de mi amiga hoy. ¡Qué bueno! Emilia y yo vamos a nadar todo el día.
4. Quiero ir al parque. Fernando y yo siempre corremos cuando hace fresco, y especialmente nos gusta correr cuando hace viento y no hace sol.

Answers to Repaso Activity 1
1. c
2. a
3. b
4. d

Scripts and Answers for Textbook Listening Activities, Ch. 7

5 Por teléfono p. 49

1. —Aló.
   —Buenas tardes, señorita. ¿Está Miguel, por favor?
   —Sí, un momento. ¿De parte de quién, por favor?
   —De parte de Roberto.
2. —Bueno, Silvia. Ya es tarde y necesito estudiar para el examen.
   —Está bien. Hasta mañana, ¿eh?
   —Sí, hasta mañana, Silvia. Chao.
3. —¿Bueno? Casa García a sus órdenes.
   —Buenos días. ¿Está el señor Alejandro García, por favor?
   —Lo siento mucho, pero el señor no está. ¿Quién habla?
   —Soy Pedro Castillo.
4. —¿Bueno?
   —Buenas noches, señora. ¿Está María en casa?
   —¿Eres tú, Alicia?
   —Sí señora. ¿Cómo está usted?
   —Bien, gracias, pero María no está en casa.
   —Bueno, señora, llamo más tarde.
   —Adiós.

Answers to Activity 5
Answers will vary. Possible answers:
1. a
2. b
3. c
4. a and c

8 En el tiempo libre p. 51

1. ¿Quieres jugar al tenis esta tarde?
2. ¿Quieres ir a cenar esta noche?
3. ¿Te gustaría ir al centro conmigo?
4. ¿Te gustaría estudiar con nosotros?
5. ¿Prefieres la comida mexicana o la comida china?
6. ¿Te gustaría ir al cine conmigo esta tarde?

Answers to Activity 8
1. ilógico
2. ilógico
3. lógico
4. lógico
5. ilógico
6. lógico

15 Las vacaciones p. 54

MÓNICA Bueno, Carlos, ¿qué hacemos mañana?
CARLOS Quiero ir al museo de antropología.
MÓNICA Ay, Carlos, a mamá y a mí no nos gustan los museos. Tengo otra idea. Si hace buen tiempo mañana, ¿quieres ir al lago o al campo?
CARLOS Prefiero el lago porque me gusta nadar. Y a papá también le gustaría pescar.
MÓNICA ¡Excelente! Vamos más o menos a las diez de la mañana.

Answers to Activity 15
1. They decide to go to the lake.
2. The weather is nice. Carlos likes to swim and his dad likes to fish.
3. They're going at about ten in the morning.

Scripts and Answers for Textbook Listening Activities, Ch. 7

26 ¿Todos listos? p. 63

1. MAMÁ   Manuel, aquí viene el autobús.
   MANUEL ¡Ay, no! Mamá, todavía necesito lavarme los dientes.
   MAMÁ   Pues, ¡apúrate, hijo!
2. MAMÁ   Gabi, ya son las ocho. Vas con tu novio a la fiesta de cumpleaños de Miguel a las ocho y media, ¿no? ¿Estás lista?
   GABI   No, mamá. Estoy un poco atrasada. Necesito maquillarme.
3. MAMÁ   Armando, ¿estás listo para ir al circo con tus primos?
   ARMANDO Sí...
   MAMÁ   Pero hijo, tu pelo es un desastre.
   ARMANDO Ah, tienes razón, Mamá. Necesito peinarme.
4. MAMÁ   ¿Estás listo, querido? Tenemos que estar en el teatro en media hora.
   PAPÁ   Lo siento, mi amor. Todavía necesito afeitarme.
   MAMÁ   Está bien, pero apúrate, por favor.
5. MAMÁ   Berta, hoy es la boda de tu amiga Verónica, ¿verdad?
   BERTA Sí, mamá. A las tres. Hombre, son las dos y todavía necesito ducharme.

Answers to Activity 26
1. d
2. e
3. a
4. c
5. b

32 ¿Te gustaría...? p. 67

1. —Hola, Miguel. ¿Te gustaría ir con nosotros al partido de fútbol esta noche?
   —Lo siento, pero tengo que estudiar.
2. —Hola, Gabriela. Este fin de semana vamos al lago. ¿Te gustaría ir con nosotros?
   —¡Qué lástima! Ya tengo planes para este fin de semana.
3. —Oye, Roberto, ¿te gustaría cenar con nosotros esta noche?
   —¿Esta noche? Ay, tengo una cita esta noche.
4. —Mariana, ¿te gustaría tomar un refresco esta tarde?
   —Estoy un poco cansada. Tal vez otro día, ¿eh?

Answers to Activity 32
1. c
2. d
3. a
4. b

Repaso Activity 1, p. 76

1. —¿Te gustaría ir al cine esta noche?
   —Lo siento, pero estoy un poco enferma. Tengo que descansar.
2. —¿Te gustaría ir al museo el sábado?
   —Me gustaría, pero ya tengo planes. Pienso ir al parque de atracciones.
3. —¿Quieres ir a caminar por la plaza?
   —Me gustaría, pero necesito ducharme. Tal vez en dos horas.
4. —¿Quieres ir al partido de fútbol el domingo?
   —Sí, me gustaría. ¿A qué hora es?

Answers to Repaso Activity 1
1. b
2. b
3. a
4. a

Scripts and Answers for Textbook Listening Activities, Ch. 8

8 El desayuno p. 88

MARCELA	¿Te gustan los huevos?
ROBERTO	Sí, me encantan los huevos revueltos con tocino.
MARCELA	A mí me encanta el pan dulce. ¿Y a ti?
ROBERTO	No, no me gusta para nada.
MARCELA	Bueno... a ver... ¿tomas café?
ROBERTO	Uy, no me gusta el café para nada. Es horrible.
MARCELA	Entonces, ¿qué prefieres tomar, jugo de naranja o leche?
ROBERTO	Prefiero tomar leche.
MARCELA	A mí me gusta más el jugo de naranja. Me encantan las frutas.
ROBERTO	A mí también. Especialmente los plátanos.

Answers to Activity 8
Marcela— f. el pan dulce
g. el jugo de naranja
a. las frutas

Roberto— d. los huevos revueltos con tocino
b. la leche
a. las frutas
c. los plátanos

16 ¿Cómo es la comida de aquí? p. 92

ADELA	Pablo, quiero saber cómo son las comidas en los Estados Unidos. En general, ¿a qué hora desayunas?
PABLO	Bueno, en general desayunamos a las siete de la mañana.
ADELA	¿Y qué hay para el desayuno?
PABLO	Hay de todo. Muchas veces hay huevos, pan tostado, jugo de frutas y café.
ADELA	¿Y a qué hora almuerzan ustedes?
PABLO	Durante la semana, almorzamos a las doce.
ADELA	¿Y qué hay para el almuerzo?
PABLO	A veces hay sopa, sándwiches y leche.

Answers to Activity 16
1. cierto
2. falso
3. falso
4. cierto

22 Comentarios p. 97

1. Este pescado está muy rico. ¡Me encanta!
2. Esta sopa no me gusta. Está fría.
3. ¿Qué tal la ensalada? Está deliciosa, ¿no?
4. Este pollo está muy picante. ¡Necesito agua!
5. La sopa está muy salada. ¡Qué horrible!
6. La ensalada de frutas no está muy buena hoy.

Answers to Activity 22
1. pescado—está muy rico
2. sopa—está fría
3. ensalada—está deliciosa
4. pollo—está muy picante
5. sopa—está muy salada
6. ensalada de frutas—no está buena

28 Cuatro amigos p. 100

DIEGO	¿Tienes hambre, Isabel?
ISABEL	No, Diego, no tengo mucha hambre pero tengo sed.
DIEGO	¿Por qué no tomas una limonada?
ISABEL	Buena idea. Me encanta la limonada.
DIEGO	Estela, ¿qué quieres almorzar? ¿Tienes hambre?
ESTELA	Sí, sí, pero me gustaría desayunar. ¿Qué hay para el desayuno?
DIEGO	Sólo hay jugo de manzana y pan tostado. Yo voy a comer la sopa de legumbres. ¡Me encanta la sopa de aquí! Y Rafael, ¿qué vas a almorzar tú?
RAFAEL	Nada. No tengo mucha hambre.

Answers to Activity 28
1. cierto
2. cierto
3. falso
4. falso
5. falso

Scripts and Answers for Textbook Listening Activities, Ch. 8

36 Me trae... p. 107

1. —Voy a pedir una sopa de pollo, pescado, verduras y una ensalada, por favor.
   —Muy bien, señorita.
2. —¿Me trae fruta, café y pan tostado, por favor?
   —Sí, con mucho gusto.
3. —¿Nos trae café y un pastel, por favor?
   —Claro que sí, señora.
4. —No tengo mucha hambre. Voy a pedir una sopa de pollo, pan y un refresco, nada más.
   —Gracias, señor.
5. —Um, son las dos y media. Tengo mucha hambre. ¿Me trae la sopa de tomate, el bistec, papas fritas, zanahorias, una ensalada, pan y el postre, por favor? Y café más tarde. Gracias.
   —Muy bien, señor.
6. —¿Nos trae huevos revueltos con jamón, pan tostado, jugo de naranja y café, por favor?
   —Claro que sí.

Answers to Activity 36
1. almuerzo o cena
2. desayuno
3. postre
4. almuerzo o cena
5. almuerzo
6. desayuno

41 ¿Cuánto es? p. 110

1. catorce mil sucres
2. diecisiete mil quinientos sucres
3. ocho mil sucres
4. once mil quinientos sucres
5. ocho mil ochocientos sucres
6. diecisiete mil setecientos cincuenta sucres

Answers to Activity 41
1. sancocho
2. ceviche de camarón
3. helado de naranjilla
4. ensalada mixta
5. canoa de frutas
6. pollo al ajillo

Repaso Activity 1, p. 116

No me gusta para nada el pescado, pero la sopa de pollo sí, me gusta mucho. Los frijoles no me gustan porque son salados. Me encanta la ensalada, pero la carne de res no me gusta mucho. Para el desayuno los huevos con pan tostado son muy ricos.

Answers to Repaso Activity 1

Le gusta: la sopa de pollo, la ensalada, los huevos con pan tostado

No le gusta: el pescado, los frijoles, la carne de res

Scripts and Answers for Textbook Listening Activities, Ch. 9

6 Los regalos p. 131

1. A mi padre le encanta escuchar la música.
2. A mi madre le gusta mirar películas en casa.
3. A mi hermano Santiago le gustaría tocar un instrumento musical.
4. A mi hermana Eva le gusta practicar deportes.
5. A mi abuelo le encantan los animales.
6. A mi hermana Silvia le encanta decorar su cuarto con carteles.

Answers to Activity 6
1. d
2. f
3. e
4. c
5. b
6. a

13 Las tiendas p. 135

1. Necesito comprar unas galletas y un pastel para el cumpleaños de mi hermanito.
2. Me gustaría comprar unos aretes para mi amiga.
3. Necesito comprar un juego de mesa para mi primo Luis.
4. Busco sandalias para la playa.
5. Busco una camisa elegante para llevar a la fiesta de Enrique este sábado.
6. Quiero comprar plantas para mi casa.
7. Voy a comprar pan dulce para la fiesta de mi papá.

Answers to Activity 13
1. d
2. c
3. e
4. a
5. g
6. f
7. b

20 ¿Qué necesitas llevar? p. 140

CARLOS Tengo que comprar unos bluejeans, una camiseta y unos zapatos de tenis.
ELENITA Quiero buscar un traje de baño porque hace mucho calor.
SERGIO Necesito unas camisetas, unos pantalones cortos y unos zapatos de tenis.
TERESA Necesito pantalones y una blusa blanca. También necesito zapatos pardos.
LUIS Yo busco una camisa blanca, una corbata, calcetines y zapatos negros.

Answers to Activity 20
Answers will vary. Possible answers:
Carlos—clases
Elenita—ir a la piscina
Sergio—jugar al tenis
Teresa—trabajar en la oficina/un baile
Luis—trabajar en la oficina/un baile

28 ¿Cómo son? p. 145

1. Es menos gordo que el otro.
2. Es más grande que el otro.
3. Es más elegante que el otro.
4. Es menos largo que el otro.
5. Es más larga que la otra.
6. Es menos larga que la otra.

Answers to Activity 28
1. b
2. a
3. a
4. b
5. b
6. a

Scripts and Answers for Textbook Listening Activities, Ch. 9

37 ¡Qué caro! p. 151

1. —Perdón, señorita. ¿Cuánto cuesta esta blusa?
   —¿La roja? El precio es de cincuenta y ocho dólares.
   —¡Qué cara!
2. —Bueno, me gustaría comprar esta camisa.
   —¿La blanca?
   —Sí. ¿Cuánto cuesta?
   —Son ocho dólares con cincuenta y cinco centavos.
   —¡Qué ganga!
3. —Perdón, señor. Necesito unos bluejeans.
   —Usted tiene suerte, señor. Aquí tenemos unos baratos.
   —¿Sólo diecisiete dólares? ¡Qué baratos!
4. —Señorita, busco un vestido elegante para un baile.
   —Tenemos varios. Este azul, por ejemplo. O si prefiere otro color, lo tenemos también en rojo y en negro.
   —¿Cuánto cuesta el vestido rojo?
   —Sólo setecientos sesenta dólares.
   —¡Ay, qué caro!
5. —Busco unos zapatos negros.
   —Aquí tenemos varios estilos. Éstos, por ejemplo, cuestan sólo ciento ochenta y nueve dólares.
   —¡Ciento ochenta y nueve dólares! ¡Qué caros! Gracias, pero no.

Answers to Activity 37
1. c
2. e
3. a
4. b
5. d

Repaso Activity 1, p. 158

SARA Ana, mañana es la fiesta de Lisa. ¿Ya tienes tu ropa?
ANA   Sí, voy de King Kong. ¿De qué vas tú?
SARA Voy de payaso, pero todavía tengo que comprar mi ropa. ¿Me acompañas?
ANA   ¡Cómo no!
SARA Necesito una corbata bastante fea.
ANA   Ay, sí. Compra una corbata de los años setenta.
SARA Ja, ja, ja. Oye, ¿qué te parece si vamos a una tienda ahora?
ANA   Sí, perfecto. ¿Qué más necesitas?
SARA Bueno, una camisa de cuadros, unos zapatos grandes y unos pantalones grandes.
ANA   ¿Sabes qué? Mi hermano tiene unos pantalones viejos que puedes usar.
SARA ¡Fantástico!

Answers to Repaso Activity 1
(d) una corbata fea y
(b) unos pantalones grandes

Scripts and Answers for Textbook Listening Activities, Ch. 10

6 ¡De fiesta! p. 170

1. Me llamo Rolando. Vivo en Miami. Nosotros celebramos el Día de Acción de Gracias, pero como todas las familias, nuestra cena tiene cosas especiales de nuestra tradición cubana. Servimos pavo, pero también servimos arroz con frijoles negros.
2. Soy Marta. Vivo en San Antonio. Mi día favorito es el Día de los Enamorados que celebramos en febrero. Mando tarjetas a mis amigos y mi novio siempre me regala chocolates, flores o algo especial.
3. Soy Daniela. En mi familia nuestra fiesta favorita es la Navidad. Toda la familia va a la casa de mis abuelos. Vamos a misa a las doce de la noche y luego regresamos a casa para una cena fabulosa.
4. Yo me llamo Bernardo. Tengo seis años. Mi día favorito es mi cumpleaños. Este año mi mamá me va a llevar al zoológico. Luego vamos al cine y después voy a tener una fiesta.

Answers to Activity 6
1. d
2. a
3. c
4. b

9 Un día especial p. 172

Esta tarde va a haber una fiesta estupenda en nuestra casa. Es el cumpleaños de mi abuelo y mi familia y yo vamos a hacer una fiesta para él. Pero hay muchas cosas que tenemos que hacer antes de la fiesta. Julia está limpiando la cocina. Mi tía Rosita está preparando una cena muy especial para mi abuelo. Mi hermana Sarita está en el patio. Ella está poniendo la mesa. Mis primos Teresa y Mauricio están lavando los platos. Roberto está decorando la sala. Y yo, ¿qué estoy haciendo yo? Bueno, yo estoy organizando mi cuarto. ¡Es un desastre!

Answers to Activity 9
1. Julia, c
2. Rosita, b
3. Sarita, e
4. Teresa y Mauricio, f
5. Roberto, a
6. Guadalupe, d

20 ¿Me haces el favor...? p. 180

1. Roberto, ¿me puedes ayudar a decorar la sala?
2. Elenita, ¿me haces el favor de llamar a Gregorio? Toca muy bien la guitarra.
3. Oye, ¿quién me ayuda con las decoraciones?
4. Jaime, ¿me haces el favor de ir a la pastelería?
5. Laura, ¿quiénes van a traer la música para bailar?
6. Mamá, ¿me ayudas a preparar los sándwiches?
7. ¿Me traes una silla, por favor?

Answers to Activity 20
1. lógico
2. ilógico
3. lógico
4. ilógico
5. lógico
6. ilógico
7. lógico

Scripts and Answers for Textbook Listening Activities, Ch. 10

25 Preparativos p. 182

1. —Buenos días. Habla Nicolás. ¿Qué necesitan para la fiesta?
   —Este... trae unos refrescos, por favor.
2. —Hola, soy Soledad. ¿Qué hago para la fiesta?
   —A ver... eh... ve al supermercado y compra helado, por favor.
3. —¿Qué tal? Habla Gustavo. ¿Qué puedo traer a la fiesta?
   —Trae unos discos compactos, por favor.
4. —Buenas tardes. Habla Verónica. ¿Ya está todo listo para la fiesta? ¿Puedo preparar algo especial?
   —A ver... prepara una ensalada de frutas, por favor.
5. —¿Qué tal? Habla Gloria. ¿Qué puedo hacer para la fiesta?
   —Bueno... Tú tienes una cámara, ¿verdad? Saca fotos de todos por favor.
6. —Hola, soy Cristóbal. ¿Necesitan algo para la fiesta?
   —Sí, Cristóbal. Compra los globos, por favor.

Answers to Activity 25
1. f
2. b
3. a
4. c
5. e
6. d

32 La fiesta de Abby p. 188

1. Raquel y Gloria jugaron a las cartas con Felipe y su hermano Guillermo.
2. Un amigo mío, Shoji, cantó unas canciones en español y Kerry tocó la guitarra.
3. Bárbara bailó con su novio Miguel. Ellos bailaron en la fiesta toda la noche.
4. Pablo miró la televisión. ¡A él no le gustan las fiestas para nada!
5. Patricia preparó un postre muy rico para la fiesta anoche.
6. Gracie y Kim jugaron a los videojuegos.
7. Andrés y Valerie escucharon música.
8. Y Francisco, ¡a él le encanta nadar! Nadó mucho en nuestra piscina.

Answers to Activity 32
1. a
2. c
3. b
4. d
5. g
6. e
7. h
8. f

Repaso Activity 1, p. 198

Me llamo Mariana y vivo en San Antonio. En diciembre viajamos a Monterrey para celebrar las fiestas de Navidad con mis abuelos. ¡Qué viaje más fantástico! Mi abuela preparó unas decoraciones bonitas. Todos mis primos llegaron de Guadalajara y preparamos una cena maravillosa de pavo, enchiladas, bacalao y ensalada de Nochebuena. Cenamos a las ocho. Después bailamos, cantamos y hablamos toda la noche. La Navidad es mi día festivo favorito porque siempre la pasamos en México con mis abuelos.

Answers to Repaso Activity 1
1. Monterrey
2. para celebrar la Navidad con sus abuelos
3. diciembre
4. decoraciones bonitas
5. bailaron, cantaron y hablaron toda la noche
6. la pasan en México con sus abuelos

Scripts and Answers for Textbook Listening Activities, Ch. 11

5 Régimen de salud p. 213

1. Estudio todo el tiempo. Siempre me siento muy cansada. ¿Qué hago?
2. Tengo ganas de empezar a hacer ejercicios, pero me parece difícil.
3. Me siento mal. Tomé muchos refrescos.
4. Me siento cansado. Trabajo en la oficina día y noche.
5. Me encanta comer pizza, hamburguesas y papas fritas, pero después me siento muy mal.
6. No me siento bien porque casi siempre estoy en casa. Debo salir más.

Answers to Activity 5
1. Natalia
2. Raúl
3. Soledad
4. Fernando
5. Daniel
6. Adriana

17 ¿Cómo te sientes hoy? p. 222

1. ¡Uy! ¡Me siento muy mal! Tengo una fiebre de 102 grados.
2. ¡Hombre! No sé qué hacer. Hoy tengo un examen muy difícil en la clase de álgebra.
3. Esta noche voy a cantar por primera vez en un concierto y no estoy listo.
4. ¡Qué lástima! No puedo pasar las vacaciones con mi tía en Puerto Rico.
5. Ay, mi hermanita es terrible. Siempre quiere llevar mis camisas y mis suéteres.
6. No me siento bien. No puedo asistir a clases hoy.
7. Todo el mundo está enfermo. Yo también.

Answers to Activity 17
1. 6
2. 2, 5
3. 2, 5
4. 4
5. 3
6. 1, 6, 7, 8
7. 1, 6, 7, 8

21 Las quejas p. 224

1. ¿Qué tienes, Rubén?
   Canté cuatro horas ayer. Me la pasé practicando para un concierto.
2. ¿Qué te pasa, Berta?
   Pasé toda la mañana paseando con mis amigas pero mis zapatos son muy pequeños.
3. ¿Cómo estás, Blanca?
   ¡Ay! Pasé tres horas leyendo en la biblioteca. Tengo un libro muy bueno, pero ahora, ¡qué dolor!
4. ¿Qué te pasa, David?
   Tenía mucha prisa esta mañana. No tomé el almuerzo ni el desayuno.
5. ¿Cómo estás, Elena?
   No muy bien. Hace mucho frío y no llevo guantes.

Answers to Activity 21
1. d. Le duele la garganta.
2. a. Le duelen los pies.
3. e. Le duelen los ojos.
4. b. Le duele el estómago.
5. c. Le duelen las manos.

Scripts and Answers for Textbook Listening Activities, Ch. 11

36 ¿Adónde fuiste? p. 233

1. Ricardo y Miguel fueron al estadio a desayunar.
2. Angélica y Marta fueron a la cancha de tenis a bailar con Roberto y Sergio.
3. Gabriel fue a la piscina a nadar.
4. Yo fui a la pista de correr a hacer yoga.
5. María y Pablo fueron a la biblioteca a escuchar un concierto.
6. Mi hermano fue al gimnasio a levantar pesas.
7. Mis padres fueron al estadio a ver un partido de fútbol.
8. Mis hermanos y yo fuimos al cine a jugar al basquetbol con nuestros primos.

Answers to Activity 36

1. ilógico
2. ilógico
3. lógico
4. ilógico
5. ilógico
6. lógico
7. lógico
8. ilógico

Repaso Activity 1, p. 240

ANTONIO	Hola, Miriam. ¿Qué tal?
MIRIAM	¡Ay, Antonio! Me siento horrible. Me duele la garganta y la cabeza y tengo mucha fiebre.
ANTONIO	¿Qué te pasa?
MIRIAM	Tengo gripe. Descansé todo el día. Esta tarde fui al doctor. Y tú, ¿cómo estás?
ANTONIO	Yo me siento muy bien, pero estoy un poco preocupado por ti. Fuiste al colegio ayer, ¿no?
MIRIAM	No fui porque estaba enferma. ¿Por qué preguntas?
ANTONIO	Participé en el campeonato de natación. Estaba muy nervioso.
MIRIAM	¿Ganaste?
ANTONIO	Sí, gané la copa de 100 metros pero Angélica ganó la copa de 250 metros.

Answers to Repaso Activity 1

1. Miriam tiene gripe. Le duele la cabeza y la garganta y tiene fiebre.
2. Descansó todo el día.
3. Antonio se siente bien pero está preocupado por Miriam.
4. Antonio nadó ayer y ganó.

Scripts and Answers for Textbook Listening Activities, Ch. 12

11 De vacaciones p. 254

1. —¡Ay, las montañas de Colorado! Me encanta esquiar.
   —Sí, pero debes tener cuidado.
2. —Es el viaje de mis sueños—una semana en la playa.
   —¡Qué maravilla! Voy a pasar todos los días nadando y descansando.
3. —¡Dos semanas en el Caribe! Pensamos acampar, estar lejos de todo, sin trabajar, ni estudiar.
   —Y espero dar muchos paseos. Va a ser fantástico.
   —A propósito, ¿tienes la cámara?

Answers to Activity 11
1. a
2. c
3. b

25 Me gustaría p. 263

SARA   Me llamo Sara Mercado y vivo en San Juan, Puerto Rico. A mí me gustaría viajar a España porque quiero ver el país de mis abuelos. Quiero ver las montañas y los castillos. Pienso viajar con mis primos que viven en Nueva York.

DAVID   Soy David Álvarez Medellín y vivo en Guadalajara. A mí me gustaría ver las Islas Galápagos. Quiero ir de excursión a las Islas Galápagos porque tengo muchas ganas de ver los animales que viven allí.

MARTÍN Me llamo Martín Valerio y vivo en Los Ángeles. Tengo muchas ganas de viajar a la Argentina. Me gustaría esquiar y escalar una montaña en los Andes. Argentina es un país muy interesante. Ahora, ¡vamos a ver si mi familia quiere ir!

Answers to Activity 25

SARA—España; ver las montañas y los castillos

DAVID—las Islas Galápagos; ver los animales de allí

MARTÍN—la Argentina; esquiar y escalar una montaña

33 ¡Qué divertido! p. 269

1. CARLOS   ¡Qué divertido el viaje!
   YOLANDA Sí, tienes razón. Me gustó mucho el día en que fuimos a la playa con la prima Mari y preparamos una comida.
   CARLOS   Sí, tomamos el sol, hablamos con Mari y luego jugamos al voleibol. ¿Te gustó el partido?
   YOLANDA Sí, muchísimo.
2. CARLOS   Y a mí me gustó mucho ver El Yunque. Cuando pienso en Puerto Rico, voy a pensar en las flores y la selva.
   YOLANDA Sí, es muy bonito. Caminamos mucho ese día, ¿no?
   CARLOS   Sí, y sacamos muchas fotos.
3. YOLANDA ¿Te acuerdas de la fiesta con los amigos de Miguel?
   CARLOS   ¡Claro que sí! Lo pasé muy bien. Voy a escribirles cartas a todos ellos.
4. YOLANDA La visita a los abuelos también fue muy bonita. Su vida es muy diferente de nuestra vida en Nueva York, pero me encantó.
   CARLOS   Sí, a mí también.

Answers to Activity 33
1. b
2. a
3. d
4. c

Scripts and Answers for Textbook Listening Activities, Ch. 12

Repaso Activity 1, p. 278

1. MARTA — Espero ir de vacaciones en julio. Este verano pienso ir con mi mejor amiga al norte de California para saltar en paracaídas.
2. FRANCISCO — Voy a pasar mis vacaciones en Colorado, en las montañas. Ahí pienso acampar, pescar y dar caminatas por el bosque. Por eso necesito comprar una tienda de camping.
3. JUAN — Yo no voy a ningún lugar. Pienso quedarme en casa y pasar el verano con mi mejor amigo.
4. ROSARIO — A mí me gusta mucho el océano. Por eso me gustaría ir de vela este verano con mi perro. A él también le gusta.
5. SILVIO — Para mí no hay nada mejor que tomar el sol con unos buenos libros. Por eso me gustaría pasar una semana en la playa.
6. LETICIA — Espero ir a México este verano. Quiero escalar unas montañas con mi padre.

Answers to Repaso Activity 1

1. c
2. b
3. f
4. e
5. d
6. a

Testing Scripts and Answers

Bridge Chapter 89–90
Chapter 7 91–92
Chapter 8 93–94
Chapter 9 95–96
Chapter 10 97–98
Chapter 11 99–100
Chapter 12 101–102
Midterm Exam 103
Final Exam 104

Scripts and Answers for Bridge Chapter Quizzes 1, 2, 3

Quiz 1 Capítulo puente Primer paso

I. Listening

A.
ADRIANA	Hola! Me llamo Adriana. ¿Y tú? ¿Cómo te llamas?	
EDUARDO	¿Qué tal, Adriana? Soy Eduardo. ¿De dónde eres?	
ADRIANA	Soy de Panamá.	
EDUARDO	Y yo soy de Paraguay. Tengo trece años. ¿Y tú?	
ADRIANA	Tengo catorce. ¿Quieres bailar?	
EDUARDO	Sí, pero primero quiero hablar contigo un poco. ¿Te gustan los videojuegos? Mi hermano y yo tenemos un videojuego nuevo.	
ADRIANA	Me gusta más practicar los deportes. También me gusta mucho leer.	
EDUARDO	A mí también me gusta leer. A mi hermano y a mí nos gusta correr en el parque. ¿Quieres ir al parque mañana?	
ADRIANA	¡Excelente!	

Answers

(10 points: 2 points per item)
1. b   2. b   3. a   4. b   5. a

Quiz 2 Capítulo puente Segundo paso

I. Listening

A. 1. Voy a casa a las tres. Tomo un refresco y hago la tarea.
   2. Natalia y yo vamos a la piscina por la mañana o a veces vamos al centro comercial.
   3. David pasa el rato con sus amigos en la cafetería. Luego tiene inglés y ciencias.
   4. Nos gusta ir al cine a la una de la tarde.
   5. Dibujamos y pintamos todos los días con la profesora de arte.
   6. De lunes a viernes, yo cuido a mis hermanos de las tres y media hasta las cinco y media.

Answers

(12 points: 2 points per item)
1. b   2. c   3. a   4. c   5. a   6. b

Quiz 3 Capítulo puente Primer Paso

I. Listening

A. 1. ROBERTO Tienes muchos familiares que viven lejos, ¿verdad? ¿Con qué frecuencia les escribes cartas?
      MARTA   Les escribo cartas a veces, especialmente cuando estoy en la biblioteca.
   2. ROBERTO ¿Qué haces por la mañana antes de ir al colegio? Tienes muchos quehaceres?
      MARTA   Hago mi cama y pongo mi ropa en el armario. Siempre trabajo con mucha prisa.
   3. ROBERTO ¿Y quién limpia la cocina después del desayuno? ¿Tú ayudas?
      MARTA   No, casi siempre limpia la cocina mi papá antes de ir al trabajo.
   4. ROBERTO ¿Con qué frecuencia sacas la basura? A mí no me gusta sacar la basura.
      MARTA   ¡No saco la basura nunca! Mi hermano mayor la saca todas las tardes.
   5. ROBERTO ¿Qué te gusta hacer para ayudar en casa?
      MARTA   Me gusta mucho trabajar en el jardín con mi mamá. Mamá y yo hablamos mientras trabajamos.

Answers

(10 points: 2 points per item)
1. e   2. c   3. b   4. a   5. d

Scripts and Answers for Chapter Test, Bridge Chapter

I. Listening

A.
1. Mi amiga Juana es alta, delgada y morena. Su hermanito es muy pequeño y un poco travieso.
2. La casa de mi abuela está cerca del parque. Ella camina por el parque todos los días y después descansa.
3. Mi primo Ramón estudia el arte. Tiene clase dos veces por semana y dibuja en casa todos los días.
4. Después de hacer la tarea, mi hermano y yo miramos la televisión.
5. Mi hermanastro se llama Julio. Mi hermana Raquel tiene siete años. Los domingos por la tarde, ellos lavan el carro de mamá.

B.
6. Ya tengo casi todo para la clase de matemáticas. La profesora dice que necesito una calculadora pero ya tengo una regla, lápices y papel.
7. En mi cuarto, hay una cama, un armario y un escritorio. Pero no tengo silla.
8. Mamá y yo compramos una mochila y unos zapatos de tenis ayer. Todavía necesito un buen diccionario.
9. Necesito dinero para comprar ropa nueva. ¡Mi ropa está muy vieja!
10. Tengo una perra muy bonita. Es pequeña y tiene el pelo negro. Necesito comida para mi perrita.
11. El cuarto de mi hermano no tiene ventana. Él necesita una lámpara para su escritorio.
12. Mi mamá necesita unas revistas. Le gusta leer todas las noches después de la cena.
13. María tiene muchos lápices para su clase de arte pero necesita una goma de borrar.
14. Mi hermana tiene un reloj al lado de su cama pero yo necesito un reloj para mi cuarto.
15. Necesito más papel. ¡Tengo mucha tarea!

Answers Maximum Score: 30 points

A. (10 points: 2 points per item)
1. d
2. c
3. a
4. b
5. e

B. (20 points: 2 points per item)
6. c
7. a
8. b
9. c
10. c
11. c
12. b
13. a
14. c
15. a

Scripts and Answers for Quizzes 7-1, 7-2, 7-3

Quiz 7-1 Capítulo 7 Primer paso

I. Listening
A. 1. ¿Te gustaría jugar al voleibol esta tarde?
2. ¿Quieres estudiar conmigo?
3. Me gustaría hablar con Claudia. ¿Está en casa?
4. ¿Te gustaría ir al zoológico?
5. Lo siento, pero Benito no está.

Answers
(10 points: 2 points per item)
1. a
2. a
3. b
4. b
5. b

Quiz 7-2 Capítulo 7 Segundo paso

I. Listening
A. 1. El señor Martínez necesita afeitarse todos los días.
2. Juanita no está lista. Todavía necesita maquillarse.
3. Gloria tiene que ducharse todas las noches.
4. El señor Gómez necesita lavarse los dientes.
5. Luisa va a un baile más tarde; por eso tiene que peinarse.

Answers
(10 points: 2 points per item)
1. b
2. d
3. e
4. a
5. c

Quiz 7-3 Capítulo 7 Tercer paso

I. Listening
A. 1. ¿Tienes ganas de cenar en mi casa esta noche?
2. ¿Te gustaría ir al partido de béisbol mañana?
3. ¿Quieres ir a tomar un refresco el sábado?
4. ¿Tienes que estudiar esta noche?
5. María quiere ir al concierto. ¿Quieres ir con nosotros?

Answers
(10 points: 2 points per item)
1. e
2. a
3. d
4. c
5. b

Scripts and Answers for Chapter Test, Ch. 7

I. Listening

A. 1. LUIS Hola, Antonio. ¿Qué tal? Oye, pienso ir al parque de atracciones esta mañana. ¿Te gustaría ir conmigo?
   ANTONIO Tengo muchas ganas de ir. ¿A qué hora?
2. LUIS Tengo que ducharme, organizar mi cuarto, y limpiar la cocina primero. Creo que voy a ir a las once.
3. ANTONIO ¡Qué lástima! Tengo que ir a mi clase de violín a las once.
4. LUIS Tal vez puedo ir por la tarde. ¿Te gustaría ir a las dos?
   ANTONIO ¡Claro que sí! No tengo nada que hacer esta tarde.
   LUIS Hasta luego, entonces.

B. 5. ¡Hola, María! Sí, soy yo... ¿Cómo estás?... Yo bien, gracias. Me gusta mucho nadar pero no puedo ir contigo.
6. Tengo muchos quehaceres y tengo que cuidar a mis hermanos.
7. Lo siento, pero el viernes tampoco puedo ir. Voy con mis tíos a ver una exposición de arte moderno.
8. ¿El sábado? También estoy ocupada. Hay una fiesta para mi hermano mayor. Él termina el colegio y va a estudiar en la universidad en septiembre. Sí, creo que el martes es buen día para mí. ¡Qué idea excelente!

Answers Maximum Score: 24 points

A. (12 points: 3 points per item)
1. a
2. b
3. b
4. a

B. (12 points: 3 points per item)
5. c
6. b
7. a
8. d

Scripts and Answers for Quizzes 8-1, 8-2, 8-3

Quiz 8-1 Capítulo 8 Primer paso

I. Listening

A.   LUISA   Roberto, ¿qué te gusta para el desayuno?
    ROBERTO   Me encantan los huevos con tocino. ¿Y a ti?
    LUISA   A mí me gusta el pan tostado o el pan dulce, y para beber me gusta la leche. Y tú, ¿qué prefieres tomar?
    ROBERTO   Prefiero el jugo de naranja. También me gustan mucho las frutas, especialmente las toronjas.

Answers

(10 points: 2 points per item)

	Luisa	Roberto
1. huevos		✔
2. jugo de naranja		✔
3. leche	✔	
4. pan tostado	✔	
5. tocino		✔

Quiz 8-2 Capítulo 8 Segundo paso

I. Listening

A.   1. ¿Qué comes cuando tienes hambre?
    2. ¿Qué tomas cuando tienes sed?
    3. ¿Cómo está la sopa hoy?
    4. ¿Qué hay para el desayuno?
    5. La ensalada está deliciosa, ¿no?

Answers

(10 points: 2 points per item)
1. b
2. c
3. a
4. c
5. a

Quiz 8-3 Capítulo 8 Tercer paso

I. Listening

A.   1. CLIENTE 1   ¿Cuánto son los batidos?
        ROSITA   Son tres mil doscientos sucres cada uno.
    2. CLIENTE 2   ¿Y la sopa? ¿Cuánto es?
        ROSITA   La sopa es trece mil quinientos sucres.
    3. CLIENTE 3   Quisiera saber cuánto es el bistec.
        ROSITA   El bistec cuesta dieciocho mil cuatrocientos sucres.
    4. CLIENTE 4   ¿Y cuánto es la ensalada?
        ROSITA   ¿La ensalada? A ver. La ensalada es ocho mil seiscientos sucres.
    5. CLIENTE 5   Dígame, por favor, ¿cuánto es el pollo?
        ROSITA   El pollo es diecisiete mil setecientos cincuenta sucres.

Answers

A. (10 points: 2 points per item)
1. 3.200
2. 13.500
3. 18.400
4. 8.600
5. 17.750

Scripts and Answers for Chapter Test, Ch. 8

I. Listening

A. 1. LUPE Me encanta el arroz con pollo y legumbres.
2. VICTORIA De almuerzo quiero un sándwich de crema de maní y jalea. También quisiera una manzana.
3. HÉCTOR Para mí un perro caliente, papitas y un vaso de té frío.
4. SEBASTIÁN Me gustaría la sopa, un sándwich y un vaso de leche descremada.

B. CARMEN Muy bien. Creo que voy a pedir la sopa primero. ¿Luego me trae el arroz con pollo, por favor? Y para beber quisiera un vaso de leche descremada.
CAMARERO ¿Y para usted, señor?
MIGUEL Yo quiero un sándwich de jamón y queso. Póngame, por favor, mostaza, lechuga y tomate.
CAMARERO Muy bien, señor. ¿Y qué desea para tomar?
MIGUEL Para tomar, un agua mineral, por favor.
CAMARERO ¿Desean postre?
MIGUEL Sí. De postre, quisiera un flan, por favor.
CARMEN A mí me gustaría el helado de chocolate.

Answers Maximum Score: 22 points

A. (8 points: 2 points per item)
1. c
2. a
3. b
4. d

B. (14 points: 2 points per item)
5. a
6. b
7. b
8. a
9. a
10. b
11. a

Scripts and Answers for Quizzes 9-1, 9-2, 9-3

Quiz 9-1 Capítulo 9 Primer paso

I. Listening
A. Voy a comprar unos aretes para mi mamá y para mi hermana menor quiero comprar unos zapatos rojos de cuero. Le voy a regalar unas flores a mi abuela. A Paco le voy a dar unos juguetes nuevos. Para mi papá le compro una corbata muy cara.

Answers
(10 points: 2 points per item)
1. d
2. c
3. b
4. a
5. e

Quiz 9-2 Capítulo 9 Segundo paso

I. Listening
A. 1. TÚ ¿Quién es Manolo?
   ROSA Es el muchacho que lleva una camisa azul, pantalones blancos, botas pardas, pero no lleva un cinturón.
2. TÚ ¿Quién es Anita?
   ROSA Es la muchacha bonita. Lleva una blusa, una falda de rayas y sandalias.
3. TÚ ¿Quién es Gloria?
   ROSA Lleva un traje de baño de cuadros, pero no lleva zapatos.
4. TÚ ¿Quién es Julio?
   ROSA Es el muchacho que lleva pantalones cortos, una camiseta morada y zapatos de tenis.
5. TÚ ¿Quién es Jorge?
   ROSA Es el hombre viejo. Lleva un traje oscuro, una corbata amarilla y una camisa blanca.

Answers
(10 points: 2 points per item)
1. d
2. b
3. e
4. a
5. c

Quiz 9-3 Capítulo 9 Tercer paso

I. Listening
A. 1. ¿Cuál de estas camisetas prefieres?
   2. ¿Cuánto cuestan estos pantalones?
   3. ¿Es caro o barato ese collar?
   4. ¿Son de cuero estas botas pardas?
   5. ¿Te gustan los zapatos negros o los pardos?

Answers
(10 points: 2 points per item)
1. c
2. b
3. a
4. b
5. c

Scripts and Answers for Chapter Test, Ch. 9

I. Listening

A. 1. Necesito comprar un traje de baño nuevo y unas sandalias.
    2. Yo busco un vestido de seda y unos zapatos bonitos para el sábado.
    3. Mi familia y yo necesitamos ropa nueva. Vamos a comprar unas chaquetas de lana y unas botas de cuero.
    4. ¡Qué bonita es esta falda de cuadros! Y la blusa de algodón también.
    5. Este traje es perfecto. También necesito una corbata de seda y una camisa amarilla.

B. 6. CHANTAL ¿Qué piensas regalarle a tu hermano?
       ROGELIO Le voy a dar el juego de la Lotería. Me parece que le va a gustar.
    7. CHANTAL Perfecto. Mira esas botas. ¿Quieres regalarle las negras a tu hermana? Están muy de moda.
       ROGELIO Son bonitas pero son más caras que estas sandalias. Tal vez le van a gustar estas sandalias blancas.
    8. CHANTAL Las sandalias pardas son más bonitas. Y son del mismo precio.
       ROGELIO Tienes razón. ¡Son una ganga!
    9. CHANTAL ¿Y qué piensas regalarles a tus padres?
       ROGELIO A mi mamá le gustaría una planta, pero no la puedo llevar en el avión. Creo que les voy a dar unos chocolates.
   10. CHANTAL Bueno, ya estás listo.
       ROGELIO Falta una cosa más. Voy a regalarte una rosa roja para darte las gracias por unas vacaciones fantásticas.
       CHANTAL Ay, gracias, Rogelio. La rosa es mi flor preferida.

Answers Maximum Score: 30 points

A. (15 points: 3 points per item)
   1. b
   2. a
   3. d
   4. c
   5. a

B. (15 points: 3 points per item)
   6. a
   7. c
   8. b
   9. e
   10. c

Scripts and Answers for Quizzes 10-1, 10-2, 10-3

Quiz 10-1 Capítulo 10 Primer paso

I. Listening
A.
1. En mi casa todos están muy ocupados. Están preparándose para el Día de la Independencia. Mi abuela está cocinando mole. ¡Qué rico!
2. Mi mamá está limpiando el suelo de la cocina. Estoy seguro que va a pedir ayuda porque no le gusta limpiar.
3. Güita, mi hermana, está sacando la basura. ¡Qué bueno que ella lo tiene que hacer esta semana!
4. No sé por qué mi hermano mayor no ayuda. Parece que siempre tiene que hacer la tarea a la hora de limpiar la casa. Ahora está leyendo un libro en la sala.
5. Mi otro hermano, Luis, tiene que cuidar a mi hermanita porque mi mamá está ocupada en la cocina.

Answers
A. (10 points: 2 points per item)
   1. b   2. e   3. a   4. d   5. c

Quiz 10-2 Capítulo 10 Segundo paso

I. Listening
A.
1. ¿Me puedes ayudar a decorar la casa?
2. ¿Me ayudas a poner los regalos en mi cuarto?
3. ¿Me traes unos discos compactos para la fiesta?
4. Oye, ¿me haces el favor de ir a la pastelería?
5. ¿Puedes llamar a Juan a invitarlo a la fiesta?
6. ¿Me haces el favor de mandar las invitaciones?

Answers
A. (12 points: 2 points per item)
   1. b
   2. e
   3. f
   4. a
   5. d
   6. c

Quiz 10-3 Capítulo 10 Tercer paso

I. Listening
A.
1. El año pasado mi prima cantó en un concierto para fin de año.
2. El verano pasado, lo pasamos muy bien en el campo. Yo monté en bicicleta y mi hermano cuidó los animales.
3. Mi hermana celebró su quinceañera la semana pasada. Bailamos muchísimo. ¡La música estuvo genial!
4. ¿Te acuerdas? Durante las Navidades pasadas tú comiste con mi familia.
5. Yo preparé un pastel de fresas para el cumpleaños de mamá anteayer. ¿Qué te parece?

Answers
A. (10 points: 2 points per item)
   1. c   2. a   3. d   4. e   5. b

Scripts and Answers for Chapter Test, Ch. 10

I. Listening

A.
1. Luis mandó las invitaciones para la fiesta.
2. Mis abuelos van a visitarnos el dos de junio.
3. Los jóvenes tocaron la guitarra en la fiesta.
4. Patricia está cocinando arroz con pollo.
5. Miré la televisión y escuché la música.
6. Mi hermana está poniendo la mesa.
7. Ud. limpió la cocina anteayer.
8. Voy a colgar las decoraciones el sábado.
9. Mis amigos y yo vamos a salir al cine el sábado.
10. ¿Estás leyendo un libro o un periódico?

B.
11. Este día es importante para mostrar que la madre es una persona muy especial en la familia. Le damos tarjetas o a veces flores o un regalo.
12. Nosotros celebramos en la casa de mis abuelos. Vienen también los tíos y los primos. Tenemos una comida especial después de ir a misa a las doce. Recibimos muchos regalos especiales.
13. Mi día favorito cae en febrero. Mando tarjetas a mis amigos. Mi papá le da flores y chocolates a mi mamá.
14. Este día es mi favorito porque tenemos vacaciones de la escuela. Vamos a la casa de mis abuelos y comemos comida especial — pavo, papas, legumbres y postres deliciosos.
15. Me importa esta celebración en la primavera porque es un día religioso. También a los niños les gusta buscar y encontrar huevos de colores que ponemos en el jardín.

Answers Maximum Score: 30 points

A. (20 points: 2 points per item)
1. a
2. c
3. a
4. b
5. a
6. b
7. a
8. c
9. c
10. b

B. (10 points: 2 points per item)
11. c
12. e
13. a
14. d
15. b

Scripts and Answers for Quizzes 11-1, 11-2, 11-3

Quiz 11-1 Capítulo 11 Primer Paso

I. Listening
A. 1. — ¿Qué tal si vamos al gimnasio?
     — Está bien. Necesito levantar pesas esta tarde.
  2. — ¿Qué tienes? ¿Te sientes mal?
     — No, me siento muy bien. Voy a nadar. ¿Quieres ir?
  3. — ¿Por qué no vamos al parque hoy?
     — Buena idea. Me gusta mucho patinar sobre ruedas.
  4. — ¿Qué tal si vamos a caminar?
     — ¡Sí! ¿Por qué no vamos al parque?
  5. — ¿Quieres ir conmigo a correr?
     — ¡Claro! Me encanta correr por la playa.

Answers
(10 points: 2 points per item)
  1. c   2. a   3. b   4. d   5. f

Quiz 11-2 Capítulo 11 Segundo Paso

I. Listening
A. 1. Cuando estudio demasiado me duelen los ojos.
  2. Cuando practico el piano, me duelen los dedos.
  3. Cuando tengo tos, me duele la garganta.
  4. Cuando corro mucho, me duelen las piernas.
  5. Cuando estoy resfriada, me duele la cabeza.
  6. Cuando levanto pesas demasiado, me duelen los brazos.
  7. Cuando como muchos dulces, me duele el estómago.
  8. Cuando voy a un concierto de rock, me duelen los oídos.

Answers
A. (8 points: 1 point per item)
  1. e   2. h   3. a   4. f   5. c   6. d   7. b   8. g

Quiz 11-3 Capítulo 11 Tercer Paso

I. Listening
A. 1. MARIO   ¿Qué hicieron ustedes el sábado pasado?
        OLGA   Oye Ernesto. Vamos a decirle a Mario lo que hicimos el sábado pasado.
        ERNESTO Está bien. Olga y yo fuimos a la tienda de música en el centro. Miramos los discos compactos nuevos.
   2. MARIO   ¿Compraron algo?
        OLGA   Pues, Ernesto compró uno como regalo para su hermana mayor. Yo no compré nada porque no tenía dinero.
   3. ERNESTO Luego, yo fui a la biblioteca a estudiar para un examen. Y tú, Olga, fuiste a la piscina, ¿verdad?
   4. OLGA   Sí. Y por la tarde Ernesto fue a casa. Hizo sus quehaceres y descansó. Yo fui a casa de mis tíos. Ellos celebraron su aniversario. Lo pasé muy bien.
   5. MARIO   ¿Y por la noche? ¿Hicieron algo?
        ERNESTO Llamé a Olga por teléfono. Ella me habló de la fiesta.
   6. OLGA   También miré ese programa nuevo - el de los policías y los abogados.
        MARIO   Pues, parece que pasaron un día muy interesante.

Answers
A. (12 points: 2 points per item)
  1. a   2. b   3. a   4. b   5. b   6. a

Scripts and Answers for Chapter Test, Ch. 11

I. Listening

A.
1. Estamos en el restaurante y no tengo dinero para pagar la cuenta.
2. No puedo correr más. Estoy cansado.
3. Le escribo muchas cartas a mi abuela.
4. Tengo tos y me siento mal.
5. Mi mejor amigo va a salir y vivir lejos de nuestra ciudad.

B. **Diálogo 1**

ROSA   ¿Qué tienes, Luisa? Me parece que estás pálida.
LUISA   Estoy un poco resfriada y me duele la garganta, Rosa.
ROSA   ¿Por cuánto tiempo?
LUISA   Dos o tres días.
ROSA   Creo que debes ir a la clínica.
LUISA   No, porque no me gusta visitar al doctor. Mañana voy a estar mejor.
ROSA   Pues, estamos hablando de tu salud, Luisa. Debes ir a la clínica.
LUISA   Bueno, Rosa, voy a llamar al doctor ahora mismo.

Diálogo 2

TOMÁS   ¿Qué te pasa, Eduardo? ¿Te sientes mal?
EDUARDO   Sí, me duelen las piernas y no puedo jugar al fútbol por una semana.
TOMÁS   ¿Qué te pasó?
EDUARDO   No sé, Tomás, pero el médico me dice que no puedo asistir a la escuela ni caminar mucho. Creo que caminé demasiado anteayer.
TOMÁS   Lo siento. ¿Te duelen también los pies?
EDUARDO   No, pero tengo fiebre y me siento bastante mal.
TOMÁS   Pues, debes llamar al médico otra vez.

Answers Maximum Score: 30 points

A. (10 points: 2 points per item)
1. e
2. d
3. a
4. b
5. c

B. (20 points: 2 points per item)
6. a
7. a
8. b
9. b
10. a
11. a
12. b
13. a
14. b
15. a

Scripts and Answers for Quizzes 12-1, 12-2, 12-3

Quiz 12-1 Capítulo 12 Primer paso

I. Listening
A. 1. Me gusta la playa y también el mar. En la playa del hotel, puedo tomar el sol. Cuando voy a la playa necesito llevar el bloqueador y los lentes de sol.
2. Pienso ir a hablar con la Profesora Méndez. Tengo un examen de historia mañana y no estoy preparado. Creo que debo estudiar más.
3. Me encanta visitar las ciudades grandes. En esta ciudad puedo ver los museos, ir al teatro y asistir a un concierto de música clásica.
4. No me siento muy bien. Me duelen los dedos y las manos porque practiqué el piano demasiado anoche.
5. Pienso comprar unos dulces para el cumpleaños de mi abuela. A mí me encantan los dulces pero cuando como demasiado, me duele el estómago. Sin embargo, sé que a ella le van a encantar.
6. Mi prima va a cumplir los quince años y necesito un regalo especial. Pienso regalarle un collar de oro o unos aretes de plata. A ella le encantan las joyas.

Answer
(12 points: 2 points per item)
  1. b   2. c   3. e   4. d   5. f   6. a

Quiz 12-2 Capítulo 12 Segundo paso

I. Listening
A. 1. Esta foto es mi favorita. A mi hermano le gusta acampar, pero tuvo muchos problemas con la tienda de camping.
2. En esta foto, mi hermana está saltando en paracaídas. Es muy peligroso, ¿sabes?
3. —¿Qué pasa en ésta? ¿Quiénes están tomando refrescos?
   —Ellos son mis amigos Roberto y Lorenzo.
4. En esta foto mi padre está escalando montañas en Colorado.
5. Y la última. Aquí está mi amigo Juan. Le encanta tomar el sol.

Answer
(10 points: 2 points per item)
  1. a   2. e   3. c   4. b   5. d

Quiz 12-3 Capítulo 12 Tercer paso

I. Listening
A. 1. JULIO   ¿Adónde viajaron tú y tu familia el año pasado?
        MARTA   Uy, fuimos a muchos países... ¡viajamos por todo el mundo!
        JULIO   Bueno, pero... ¿adónde fueron primero?
        MARTA   Primero a China. Allí caminamos y bajamos el río en canoa. ¡Fue toda una aventura!
    2. JULIO   ¿Y después?
        MARTA   Después fuimos a Egipto.
        JULIO   Y, ¿qué hiciste cuando fuiste allí?
        MARTA   Yo fui a visitar las pirámides, pero mi hermano Gabriel saltó en paracaídas. ¿Te imaginas?
    3. JULIO   ¡Fantástico! Visitaste Francia también, ¿verdad?
        MARTA   Sí, luego fuimos a Francia, donde yo fui a la playa y tomé el sol.
    4. JULIO   ¿Y por último?
        MARTA   Mi papá regresó a los Estados Unidos, pero yo fui a Alemania con mi mamá y con Gabriel. Allí escalé montañas con un grupo de viajeros de Italia.

Answer
(8 points: 2 points per item)
  1. b   2. a   3. d   4. c

Scripts and Answers for Chapter Test, Ch. 12

I. Listening

A.
1. Algún día pienso viajar a Alemania.
2. Tú y tu familia fueron a la China el verano pasado.
3. Antonio jugó al jai alai en la Florida.
4. Mi hermana quiere escalar montañas en enero.
5. Salgo con mis amigos todas las tardes.
6. Durante las últimas vacaciones no fui a ningún lugar.
7. En Egipto visité las pirámides.
8. Vas a hacer la maleta a las dos, ¿verdad?
9. Todos los días a la una, miro mi telenovela favorita.
10. ¿Qué haces todos los días después de clases?

B.
11. Tengo ganas de visitar a mi abuelo.
12. Me gustaría dar una caminata en el bosque.
13. Me gustaría ir a Inglaterra para visitar Londres.
14. Prefiero ir de vela con mis amigos cuando hace calor.
15. A mí me gustaría llevar mi toalla y pasar el día tomando el sol.

Answer Maximum Score: 30 points

A. (20 points: 2 points per item)
1. a
2. b
3. b
4. a
5. c
6. b
7. b
8. a
9. c
10. c

B. (10 points: 2 points per item)
11. b
12. d
13. c
14. e
15. a

Scripts and Answers for Midterm Exam

1. Listening

A. 1. ANTONIO ¿Aló?
MARGARITA ¿Qué tal, Antonio? Mira, tengo buenísimas noticias. Hay una fiesta en casa de mi amiga este sábado. ¿Te gustaría ir?
ANTONIO ¡Claro que sí! Quiero bailar con tu amiga, Rosa. Ella es tan simpática. ¿Qué ropa vas a llevar?
2. MARGARITA La fiesta es bastante formal. Pienso llevar mi vestido de rayas moradas y unos aretes de oro.
ANTONIO Ese vestido te queda muy bien. Margarita, no tengo nada formal.
3. MARGARITA Pues, yo voy mañana a la zapatería que queda a dos cuadras de tu casa. ¿Quieres ir conmigo? Después buscamos un traje para ti en la tienda que está cerca de la zapatería.
4. ANTONIO Buena idea. Tienen cosas baratas allí. Tal vez puedo comprar algo para la fiesta con el dinero que me regalaron mis padrinos para mi cumpleaños.
5. MARGARITA ¿Quieres venir a mi casa el sábado a las cinco? Podemos comer algo juntos antes de ir a la fiesta.
ANTONIO Lo siento, pero a las cinco tengo que cuidar a mi hermana. Bueno, tengo que irme. Gracias por la invitación, Margarita. Te veo mañana para ir a comprar un traje muy de moda. ¡Chao!

B. 6. MARTA Mi comida favorita es el desayuno. Mis hermanos comen un desayuno fuerte, pero a mi me encanta comer un buen plato de frutas, pan tostado con jalea, y un chocolate caliente. Así empiezo muy bien el día.
7. ALBERTO Pues, a mí me gusta un buen almuerzo. Pero por la mañana nunca tengo hambre. A las doce, me encanta comer un bistec con arroz y una ensalada de lechuga y tomates.
8. ABRAHAM A mí me encanta el almuerzo también. Pero no me gusta la carne de res para nada. Prefiero el pescado con papas fritas y una manzana.
9. SUSANA Yo prefiero la cena. Para cenar me encanta la sopa de legumbres y una ensalada de frutas.
10. ALICIA A mi me gusta un desayuno caliente y rico. Prefiero comer dos huevos fritos con tocino, pan tostado y un chocolate caliente.

Answers Maximum Score: 20 points

A. (10 points: 2 points per item)
1. a
2. b
3. a
4. b
5. b

B. (10 points: 2 points per item)
6. c
7. a
8. e
9. b
10. d

Scripts and Answers for Final Exam

I. Listening

A.
1. Tengo que lavarme los dientes antes de comer.
2. ¡Tengo mucha sed! ¿Me puede traer el pan dulce?
3. Quisiera huevos con tocino para el desayuno.
4. ¡Uuy, qué frío! Me gustaría tomar un chocolate caliente.
5. ¿Te gustaría un flan para el postre?

B.
6. Los estudiantes de la clase de deportes van a ir a escalar la Montaña Encantada en el mes de julio.
7. Ayer, los Ticos de San José no jugaron al béisbol porque estaba lloviendo.
8. El mes pasado, todos los estudiantes del Centro Unión celebraron el aniversario de su escuela.
9. En mayo, la cafetería de la escuela no va a servir limonadas. Sólo jugos de naranja y de mango.
10. El domingo pasado, los Huracanes de Barcelona ganaron el partido de fútbol contra los Bombones de Madrid.

C.
11. —Son cincuenta dólares.
    —¡Cincuenta dólares por un collar! ¡Es un robo!
12. —¡Estas flores rojas son preciosas! ¿Tú crees que le gusten a mamá?
    —¡Claro! Estas flores y una tarjeta le van a hacer feliz el Día de las Madres.
13. —¡Qué zapatos tan bonitos! ¡Te quedan muy bien!
    —Y además, ¡son muy baratos!
14. —Señorita, ¿me puede decir el precio de este pastel de fresa?
    —Lo siento, pero ese pastel es para una fiesta de cumpleaños. ¿Le gustaría un pastel de chocolate?
15. —¡Me encantan los chocolates!
    —Pero yo prefiero los dulces.

Answers Maximum Score: 30 points

A. (10 points: 2 points per item)
1. b
2. b
3. a
4. a
5. a

B. (10 points: 2 points per item)
6. b
7. a
8. a
9. b
10. a

C. (10 points: 2 points per item)
11. b
12. c
13. e
14. a
15. d